战争事典

WAR STORY 021

指文烽火工作室　著

台海出版社

图书在版编目（CIP）数据

战争事典 . 021 / 指文烽火工作室著 . —— 北京：台海出版社，2016.5

ISBN 978-7-5168-1049-1

Ⅰ . ①战… Ⅱ . ①指… Ⅲ . ①战争史－史料－世界 Ⅳ . ① E19

中国版本图书馆 CIP 数据核字 (2016) 第 120266 号

战争事典 . 021

著　　者：指文烽火工作室

责任编辑：刘　峰　　　　　　　策划制作：指文文化
视觉设计：郭　娜　　　　　　　责任印制：蔡　旭

出版发行：台海出版社
地　　址：北京市朝阳区劲松南路 1 号　　　邮政编码：100021
电　　话：010 - 64041652（发行，邮购）
传　　真：010 - 84045799（总编室）
网　　址：www.taimeng.org.cn/thcbs/default.htm
E - mail：thcbs@126.com

经　　销：全国各地新华书店
印　　刷：重庆共创印务有限公司
本书如有破损、缺页、装订错误，请与本社联系调换

开　　本：787mm×1092mm　　　　1/16
字　　数：200 千　　　　　　　　印　张：12
版　　次：2021 年 1 月第 3 版　　　印　次：2021 年 1 月第 1 次印刷
书　　号：ISBN 978-7-5168-1049-1

定　　价：79.80 元

目 录
CONTENTS

前 言
—— PREFACE ——

　　有种说法，15 世纪末的地理大发现，以及对殖民地的争夺给欧洲带来前所未有的繁荣与兴盛。英格兰和法兰西作为欧洲传统强国，自然也不会屈居人后，《争夺蛮荒——欧洲列强在北美的殖民扩张与七年战争较量》将展现双方在两个多世纪的时间里的布局开拓、明争暗斗。

　　《三国演义》让大家熟悉了三国时代的诸多英雄，特别是刘备一方的谋臣猛将拥有了诸多粉丝。其实在真实历史中，刘备一方还有很多因为小说着墨不多而鲜为人知的能臣干将。《刘备家的人——蜀汉群臣小传》将弥补这个遗憾。

　　众所周知，近代的普鲁士王国曾依靠先进的军事参谋体系和军国体制，建立起了德意志帝国，但这种领先世界的军事制度也使得德国成为两次世界大战的策源地。这个曾经无比强大，甚至自噬其身的参谋体系和军国体制也不是一天就能建立起来的。《艺术到技术——拿破仑、普奥、普法战争中的普鲁士总参谋部改革史》就将从头讲述参谋体系在普鲁士王国时代的成长与壮大。

　　"上有政策，下有对策"常用来形容下级对上级的阳奉阴违和消极对抗。在历史上，这种行为也常常出现在皇权与既得势力集团之间。《皇权与天下的对抗——南齐朝"检籍"与唐寓之起义》就将讲述这样一个既得势力集团让皇权都束手无策的故事。

辉火
2016 年 6 月

争夺蛮荒
欧洲列强在北美的殖民扩张与七年战争较量

作者/赵恺

1754 年的 7 月 4 日，未来被称为"世界钢铁之都"的匹兹堡周围还是一片未被开发的荒蛮之地。悠闲的野生动物享受着平静的生活，尽管风雨中那代表着西方文明的枪炮声响了一天。

1754 年的 7 月 4 日，未来被称为"世界钢铁之都"的匹兹堡周围还是一片未被开发的荒蛮之地。悠闲的野生动物享受着平静的生活，尽管风雨中那代表着西方文明的枪炮声响了一天。伴随着整齐的鼓点，300 多名来自英国北美殖民地弗吉尼亚的民兵和 100 名英国正规军手持武器，打着随风飘扬的军旗走出了自己的堡垒，而在他们的对面则是由法国军队和印第安部落组成的两倍于己的敌阵。如果您将这一场面解读为一场风云变色的大决战的前奏，那么"恭喜你……答错了！"在双方的士兵列队完毕之后，英方最高指挥官随即签署了一份由对手草拟的投降书，宣布自己脚下的这片土地属于法王路易十五，所有参战的英国军人和民兵在未来的一年中都将解甲归田。

在留下了两个倒霉的上尉作为人质之后，这位中校灰溜溜地带着自己的部下向南撤退。而在他身后那座被称为"困苦堡"（Fort Necessity）的要塞中，不仅留下了5 门法国人所没有的重武器——瑞典人发明的所谓"团属炮"的轻型火炮，还有 25 名伤兵陪伴着 12 具尸体。这位选择投降而不是血战到底的弗吉尼亚民兵中校正是未来赫赫有名的"美利坚国父"——乔治·华盛顿。和所有被打上"伟人"标签的政治明

▼ **今天的困苦堡旧址和被称为"团属炮"的轻型火炮**

星一样，在后世所撰写的各种华盛顿传记中都会煞有其事地宣称：乔治·华盛顿，血统高贵，系出名门。其中最为普遍的说法是，乔治·华盛顿其实是英国诺曼王朝的创始人——"征服者威廉"麾下战功卓著的威廉·德·赫特伯恩家族的血裔。这种攀龙附凤的说法由于历史久远难以考证，而且早在 13 世纪之前威廉·德·赫特伯恩家族便已经因政权更迭而在英国本土失势。不过乔治·华盛顿这一兼顾英吉利海峡两岸的出身显然在以英、法移民为主的北美大陆颇为吃香，更对他本人未来的政治生涯大有裨益。

华盛顿家族和英法早期北美殖民史

最早率领家族成员移民北美的是乔治·华盛顿的祖父约翰·华盛顿。当时英国正处于大军阀——"护国公"克伦威尔的独裁统治之下，因此便有好事者附会说华盛顿家族之所以逃离英国，是因为在内战中支持过最终被送上断头台的查理一世而遭到了克伦威尔的残酷报复。不过据可靠的历史记录，约翰·华盛顿的父亲劳伦斯·华盛顿是个神父，但因为被清教徒指责"经常在酒馆厮混，不仅自己天天酗酒，还引诱别人陷入这种下流的罪恶"而最终被开除了神职，而约翰·华盛顿最终前往北美的动机更多的是想利用当时风靡英国的弗吉尼亚烟草渔利。

位于北美洲东部海岸中部的弗吉尼亚，比邻大西洋沿岸最大的海湾——切萨皮克湾。海湾得天独厚的地理优势使其在北美殖民史上常常扮演着桥头堡的角色，毕竟背靠大海既便于欧洲移民接收母国的给养，又能够有效地抵御当地土著的攻击。而利于船只停泊的曲折海岸线，更令海上贸易和渔业得到长足发展。有趣的是弗吉尼亚恰恰又是北美洲东海岸的一道"分水岭"。弗吉尼亚以北拥有众多适宜大型船只停泊的海湾和大河入海口，最终孕育出了众多世界知名的大都会；而弗吉尼亚以南的海岸线则相对平直，那里的堡礁和沙滩是今天美国的度假胜地，但在当时却是泛海而来的移民船只搁浅的噩梦。这种地理上的差异在未来另一场决定美国命运的战争中扮演了非常重要的角色。

弗吉尼亚的命名者是英国女王伊丽莎白一世的宠臣——沃尔特·罗利。在当时英国文人的口中，罗利是一个西门庆式的花花公子。据说是为了向与自己关系暧昧的伊丽莎白一世表达某种暗示，罗利将自己于 1584 年发现的罗阿诺克岛命名为"处女地"，随后大张旗鼓地开发了起来。不知道是领悟到了自己宠臣的意思，还是为了对罗利在

▲ 弗吉尼亚的建立者——沃尔特·罗利

北美开疆扩土以示褒奖，伊丽莎白一世随即册封其为爵士，并调拨 1500 名士兵跟随这位罗利爵士再度前往北美，试图重现一个多世纪前西班牙人征服阿兹特克和印加的辉煌。可惜的是荒芜的北美既无黄金更无强大的政权可供颠覆，罗利爵士麾下的精锐部队终日无所事事，最终不得不打道回府。

第一次殖民北美的失败并不能动摇罗利爵士的雄心壮志，1587 年英国人卷土重来，向弗吉尼亚运来了首批 117 名移民。可惜的是罗利爵士梦想中规划的英属北美殖民地尚未建立起来，西班牙"无敌舰队"便已经逼近了不列颠群岛。面对强敌，伊丽莎白一世不得不集中全国的资源用于战争，罗利爵士原定运送补给品和新移民前往北美的船只自然也在征召之列。而等到英国皇家海军好不容易击败了西班牙人，确立了大西洋的海权，时间已经过去了两年。当英国舰船重返弗吉尼亚时，位于罗阿诺克岛的殖民点早已人去楼空。尽管后世西方史学家从各个方面对早期殖民者的失踪做出了解释，但最终好事者还是更愿意相信"消失的弗吉尼亚"是一种神秘莫测的超自然现象，以之为背景的恐怖、惊悚题材作品也颇有市场。

在北美殖民的失利或多或少地影响了罗利爵士的仕途。1591 年，他因为未经女王的许可便与女王的侍女秘密结婚而被醋意大发的伊丽莎白一世投入了伦敦塔，一度淡出了海外殖民的舞台。弗吉尼亚的开发权转到了伦敦的殖民公司手中。好不容易获得了女王的谅解而重获自由的罗利也对荒芜的北美失去了兴趣。1595 年，他率领一支探险队前往南美洲寻找黄金，结果无功而返。1603 年伊丽莎白一世驾崩之后，罗利被以意图颠覆王位的罪名再度送入了伦敦塔。不过鉴于他本人的社会威望，英国王室对他颇为优待，他不仅能将妻儿接来监狱小住，在自己的花园里种植烟草，还把一个鸡舍改成化学实验室。闲暇之余，他甚至写出了一部《世界史》。不过好出风头的性格让年过不惑的罗利坚持要再去新大陆碰碰运气，最终他因为在圭亚那焚毁了一处西班牙人的殖民地而引发了国际纠纷被送上了断头台。

有趣的是，沃尔特·罗利在弗吉尼亚早期的殖民活动虽然以失败告终，但却意外地给英国带回了烟草的种子，而当时方兴未艾的欧洲烟草市场正处于掌握着主要烟草产地的西班牙帝国的控制下。沃尔特·罗利不愧是声色犬马方面的行家，在他的推动下，英国贵族们很快也学会了"吞云吐雾"，成了"冒烟的时髦男子"，甚至连伊丽莎白一世的继任者国王詹姆士一世亲自撰文力劝"控烟"也收效甚微。而英国与西班牙之间时好时坏的外交关系，更令弗吉尼亚成为英国烟民唯一的货源地。"处女地"从此成为风靡世界的烟草名牌之一，烟草也逐渐成了拯救罗利爵士一手缔造的弗吉尼亚殖

▶ "吞云吐雾"的罗利爵士

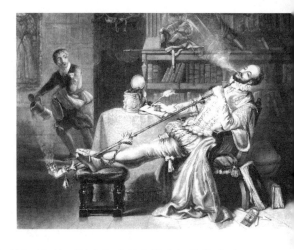

民地的经济杠杆。1616 年弗吉尼亚出口了 2500 磅烟草，到 1620 年这一数字已经飙升至 11.9 万磅，而烟草在北美殖民地甚至成了可以流通的货币。1619 年，弗吉尼亚的单身汉们以每人 120 磅烟草的价格向英国本土"订购"了自己的妻子。不过直到此时，整个弗吉尼亚的粮食生产依旧无法自给自足。

　　英属北美殖民地早期的饥馑源于土地开垦面积的不足和与当地印第安部落的敌对状态。弗吉尼亚当地的土著部族联盟的领导权掌握在颇具才干的印第安领袖波瓦坦手中，对漂洋过海而来的欧洲殖民者，波瓦坦素无好感。在充满敌意的印第安猎手的环伺之下，早期的弗吉尼亚殖民者被迫龟缩于詹姆斯河入海口的沼泽地带。虽然依托名为詹姆斯敦的堡垒，英国移民不至于被赶下海，但是恶劣的生存环境也不断消耗着当地的人口。特别是 1609 年的冬天，500 名定居者中最终苟延残喘到来年春天的仅有区区 60 人而已。但就在弗吉尼亚前景暗淡之际，一个名为宝嘉康蒂的印第安少女的出现令局势出现了戏剧性的转折。

　　宝嘉康蒂是弗吉尼亚印第安联盟首领波瓦坦的女儿，按照欧洲人的理解，拥有这样一个有钱有势的父亲，宝嘉康蒂自然可以戴上公主的桂冠。但事实上波瓦坦拥有 12 位妻子，宝嘉康蒂的母亲只是其中之一，何况印第安部落的婚俗是波瓦坦的每位妻子都会在为他生下一个孩子后被送回到原部落，由部落首领供养直到找到新的丈夫。因此宝嘉康蒂在当地印第安部族中并没有所谓"公主"般的地位。虽然西方史学家竭力渲染宝嘉康蒂对英国殖民者的友好和同情，却无法改变她在 1613 年被绑架的事实。当时弗吉尼亚殖民政府刚刚与当地印第安人大战一场，英国人诱捕了这位不谙世事的少女以便向其父亲索要被俘的英国人和被缴的武器。波瓦坦同意释放俘虏，但拒绝归还武器。因此在双方谈判陷入僵局的情况下，宝嘉康蒂不得不长期滞留在詹姆斯敦。

　　英国人口口声声称宝嘉康蒂受到了特殊的礼遇，但这位少女在英国人的拘押下到底境况如何却无从考证。总之，1614 年 4 月 5 日宝嘉康蒂"心甘情愿"地嫁给了年长她 10 岁的英国商人约翰·沃尔夫。弗吉尼亚和当地印第安部落之间的战争也随着一桩"和亲"而暂时画上了句号。为了彰显弗吉尼亚在英国本土的影响力，1616年约翰·沃尔夫带着自己的妻子前往伦敦"招商引资"。早年曾在北美驻留过的一干探险家随即蜂拥而至，鼓吹自己也曾与印第安部族结下过深厚的友谊，其中最无耻的莫过于曾在奥地利军队中服役的英国雇佣兵约翰·史密斯。由于曾在弗吉尼亚工作且被印第安人俘虏，约翰·史密斯吹嘘说他曾被印第安武士拖拽着摁倒，头被放置在两块巨大的石头上面。正当周围的人举起木棒要敲击他时，宝嘉康蒂冲了出来，将他的头抱在手中，冒险用自己的身体保护了他的安全。随后经她斡旋，史密斯重获自由。和许多喜欢自作多情的欧洲人一样，约翰·史密斯还暗示说如果不是1609年他因伤不得不离开弗吉尼亚，"深爱"着他的宝嘉康蒂本应成为他的新娘。

对于约翰·史密斯的这番一面之词，宝嘉康蒂没有来得及反驳便因感染了欧洲大陆的病毒而逝世于回家的船上。这一段充满了暴力和欺骗的历史，经过一番妙笔也成了家喻户晓、缠绵悱恻的爱情故事，以之为蓝本的各类改编作品层出不穷，其中最为著名的莫过于好莱坞的动画电影。有趣的是这部以《宝嘉康蒂》为名的动画电影在引进时被翻译为《风中奇缘》，似乎颇有吐槽和暗讽的意味。

▼ 西方画家臆想中宝嘉康蒂以身体保护约翰·史密斯的场景　▼ 美化后的宝嘉康蒂画像

宝嘉康蒂的生命虽然短暂，但其影响却在日后持续发酵着。她在英国的短暂驻留为弗吉尼亚乃至整个英属北美殖民地披上了一层暧昧的面纱，一时间英国本土各路寻找机会和自由的人纷纷将目光转向了大西洋的彼岸。他们中固然不乏渴望一夜暴富的投机者，但更多的是不满英国本土信仰和政治氛围的"清教徒"。所谓"清教徒"，顾名思义便是希望清除英国宗教体系中不如自己意愿部分的族群。

"清教徒"之所以能够在英国出现并发展壮大，很大程度上缘于英国王室摇摆不定的宗教政策。自亨利八世为了改变自己的婚姻状态，摆脱罗马教廷对英国的控制而发动宗教改革以来，英国本土的宗教信仰可谓"三易其主"。亨利八世去世之后，他的长女玛丽一世曾重新确立了天主教在英国的主导地位，并因镇压新教徒而得名"血腥玛丽"。玛丽一世之后，她同父异母的妹妹伊丽莎白一世拨乱反正，扶植英国新教

▼ 复原后的"五月花"号

作大。而伊丽莎白一世终身未嫁，死后无嗣，导致英国贵族力邀苏格兰国王詹姆士一世君临伦敦。詹姆士一世是个天主教信徒，因此登基之后展开了对英国新教徒的清算。不过鉴于英国新教早已深入人心，因此詹姆士一世并没有采取玛丽女王那般激进的政策，而是准许新教徒们"用脚投票"，移民海外。

　　"清教徒"们最初选择的栖身地是通过宗教战争摆脱西班牙天主教统治的荷兰，但是向来重商的荷兰人并没有能力给予"清教徒"所迫切需要的土地和工作，而随时可能与西班牙重启战端，更令这些寄居者惶惶不可终日。1620年，"清教徒"们尝试与英国政府谈判，以准许他们前往北美发展。支持弗吉尼亚殖民地运行的英国公司认定"清教徒"是一群理想的移民，因为他们头脑清醒、勤劳刻苦、精于农业，而詹姆士一世对这种"浪子回头"也给予了充分的支持。于是乎，1620年9月6日，102名"清教徒"挤上了三桅帆船"五月花"号，开始了为期六十六天的航程。

　　"五月花"号的这次远航由于期间所制定的颇具社会契约精神和民主萌芽意味的《五月花公约》而享誉一时。但平心而论，船上的"清教徒"们既不博爱，又无所谓的"历史责任感"，他们所做的一切不过是为了活下去并且活得更好。更为讽刺的是，由于

▼ 制定公约的"五月花"号乘员

▶ 木刻画 "詹姆斯敦大屠杀"

风暴"五月花"号最终未能抵达弗吉尼亚，而是在更为偏北的马萨诸塞州沿海登陆。如果不是船上一个曾经沦为西班牙人奴隶的印第安猎手——斯宽托的引领和第二年春天当地印第安部族的无私帮助，这些"清教徒"根本无从立足。但当马萨诸塞州的印第安部族由于"五月花"号所带来的欧洲病毒而大量病死之时，"清教徒"们竟然弹冠相庆地欢呼道："上帝用他奇妙的智慧和爱大批清洗着野蛮人，那尸骸堆积的场景如此壮观，以至于看起来像新筑的山地。"而"马萨诸塞"这个名字在印第安语中便是"山地"的意思。

就在"清教徒"们在马萨诸塞州呼朋唤友地招揽更多英国同道前往北美之时，弗吉尼亚地区却爆发了英国移民和当地印第安人之间最大规模的武装冲突。这场战争的直接导火索是宝嘉康蒂的父亲波瓦坦去世，新任印第安部族联盟领袖主张以武力驱逐英国殖民者。但深层次的矛盾却是随着西方移民的日益增多，印第安人原有的生存空间不断遭到蚕食和压缩，而民风古朴的印第安部族完全没有解决纠纷的政治和外交手段，唯有拿起武器试图给越界者一个教训。

印第安部族采取其认为合理的不宣而战的模式冲入弗吉尼亚地区的白人定居点。不分男女老幼的杀戮，使这场原本具有一定合法性的军事行动最终演变成野蛮的"詹姆斯敦大屠杀"。印第安人发现攻击行动结束后的几个月里英国人始终没有反击，他们以为英国人将记取这次教训，不再忽视他们的力量，便停止发动进攻。英国人也主动向印第安部族伸出了橄榄枝。1622 年的夏天，弗吉尼亚当地的印第安部族以酒会的方式庆祝与白人兄弟重归于好。恰恰在这种欢乐的气氛中，200 余名印第安部族首脑饮下了英国人预先准备的毒酒，命丧当场。显然文化上的差异令印第安人错误地估计了殖民者的报复欲和野心。

"詹姆斯敦大屠杀"之后，虽然弗吉尼亚地区乃至整个北美地区，西方殖民者与印第安部族之间的冲突仍时有发生，但基本模式却已然成型。西方殖民者步步蚕食印第安人的生存空间；迫于生计的压力，印第安武士向来自欧洲的移民发动进攻。然而他们在西方的武器和物资优势面前最终败北，不得不接受苛刻的和平条约向内陆迁徙。

因为西方殖民者不仅要求拥有开垦的土地，更要求印第安人与他们之间保持足够宽广的缓冲地带。而所谓的"缓冲地带"往往又将成为下一次冲突的导火索。因为烟草种植需要大量肥沃的土地，英国殖民公司又以之为噱头吸引更多移民到来：任何自费前往弗吉尼亚并住满 3 年的移民都可以获得 50 英亩的土地，一家之长还有权为每个家族成员和随行仆人申请 50 英亩的土地。而来自英国本土的白人雇工和从荷兰人、西班牙人手中购买的黑人奴隶进一步填补了弗吉尼亚人力的不足。

约翰·华盛顿漂洋过海之时，英国在弗吉尼亚的殖民地已经度过了最初的艰难时期，而约翰本人也不是"赤手空拳捞世界"的"穷光蛋"，因此尽管烟草贸易因为不谙航海之道最终没有做成，但是精明的约翰在沃野千里的弗吉尼亚获得了一片土地，开始经营种植园。从此华盛顿家族在美丽的新大陆开枝散叶，一步迈入了"新大陆贵族"阶层。弗吉尼亚得天独厚的自然条件，加上廉价的劳动力，让种植园经济蓬勃发展起来。而新大陆也没有英国本土那些根深蒂固的等级观念，因此富有的约翰很快便成了弗吉尼亚当地的名流，他不仅本人多次担任市民议会的议员和地方行政长官，甚至连他所生活过的教区也被更名为华盛顿教区。

投身军旅的乔治·华盛顿和英法两强在北美的博弈

当约翰·华盛顿将产业交到自己的儿子奥古斯丁手中时，整个华盛顿家族所拥有的地产已经超过了 1 万英亩（换算成中国的标准约 6 万亩，按土改时的标准是不折不扣的大地主）。除此之外，华盛顿家族还拥有一个铸铁翻砂厂以及货运码头。乔治·华盛顿的生父奥古斯丁有过两段婚姻，众多子嗣之中长大成人的有六子一女。奥古斯丁不仅是一个农场主更是一个商人，他常年奔波于北美和英国本土之间，因此根据乔治·华盛顿本人的说法，他对自己的父亲印象单薄，只是依稀记得他是一个"身材高大、皮肤白皙、待人亲切的人"。

乔治·华盛顿童年时的"樱桃树事件"的真伪已经被热议过无数次了。事实上，在小乔治 11 岁时去世的奥古斯丁对这个未来的伟人的影响力，远不如年长他 14 岁的同父异母的长兄劳伦斯·华盛顿。为了让自己的子嗣得到更好的教育，奥古斯丁很早便将自己的长子从弗吉尼亚当地所谓的"烂牧场小学"直接送往英国本土留学。从英国学成归来的劳伦斯成了乔治的良师益友，而回到故乡不久的劳伦斯更响应英国政府的号召，弃商从军成了一名皇家海军的上尉。他的这一决定对当时年仅 8 岁的小乔治可谓是起到了表率作用。

劳伦斯所参加的军事行动在历史上被称为"詹金斯的耳朵战争"。起因是1731年英国商船"丽贝卡"号的船长罗伯特·詹金斯宣称自己在加勒比海海域遭到西班牙"海岸警卫队"强行登船搜掠,对方更将他的一只耳朵割下。詹金斯的身份长期以来没有一个明确的说法,他自己声称是一个合法的商人,但西班牙人则说他是英国海军的上校,综合这两个身份,在仗剑行商的时代,罗伯特·詹金斯很可能是得到英国政府特许经营的"海盗"——私掠船主,同时可能还兼营某些走私生意。

詹金斯成为"一只耳"之后,在长达八年的时间里,他本人多次奔走向英国政府和王室申诉,但始终没有成为舆论的焦点。直到1739年英国政府才旧事重提,向西班牙宣战以讨回"迟到的正义"。由英国海军上将爱德华·弗农所率领的舰队先发制人,夺取了巴拿马沿岸出产银矿的西属贝约港。英国军队轻松夺取贝约港的消息在1740年传回英国后,引发一片欢腾。后世作为英国国歌的《天佑我皇》一曲便是在伦敦的一个庆祝晚会上首次在公众场合演奏。英国人将贝约港更名为波特贝洛,似乎西班牙帝国在美洲的殖民地体系已经成为历史,而劳伦斯·华盛顿正是受这种盲目乐观情绪的影响,加入了英国政府在北美殖民地所组建的辅助部队。

根据一些史料中的说法,劳伦斯·华盛顿在这场战争中表现神勇,"多次荣立战功,深得上司和战友们的器重"。但事实上英国海军在夺取贝约港之后便在加勒比海四处碰壁。毕竟西班牙人在当地经营多年,早已将所有的据点都建成了易守难攻的要塞,而来自英国本土的士兵又不适应当地炎热潮湿的气候,纷纷感染上了黄热病而失去战斗力。因此劳伦斯·华盛顿在"詹金斯的耳朵战争"中所谓的"功劳"更多的只能理解为"苦劳"。

随着欧洲列强因奥地利王位继承权问题而大打出手,英国军队也中止了在加勒比海的军事行动。劳伦斯和大多数来自北美的殖民地官兵一样被遣散回家。据说他的上司爱德华·弗农曾有意将他留在皇家海军,但劳伦斯已经与同乡的安妮订婚,而父亲奥古斯丁又突然离世,最终不得不回到弗吉尼亚组建家庭,料理自己父亲留下的丰厚产业。而劳伦斯还是颇为感激地将自己所打造的新居命名为"弗农山庄"以纪念这段袍泽之情。

作为长子,劳伦斯·华盛顿获得了父亲在波托马克河两岸的庄园和翻砂厂的大部分股权,而对于其他当时未成年的子女,奥古斯丁生前也在遗嘱中分别进行了安排。其中乔治·华盛顿在成年后可获得在纳帕赫诺克河岸的4400英亩土地、10名奴隶和

▲ **今天的弗农山庄**

其他部分不动产。站在"长兄如父"的立场上，劳伦斯也为自己的三弟进行了一番事业规划，他希望乔治可以进入英国皇家海军军官学校学习，完成自己未完成的军旅生涯，不过这一安排却遭到了乔治·华盛顿的生母玛丽的阻拦。

玛丽之所以反对自己的儿子报考军校，据说是出于经济上的考虑。不过考虑到后世英国首相丘吉尔描述18世纪英国海军风气时所说的"朗姆酒、鸡奸和鞭打"，乔治·华盛顿最终没有加入英国海军倒也不失为一大幸事。但是玛丽对乔治生活的种种干涉最终令这对母子产生了无法弥补的裂痕。在16岁时乔治最终搬出了自己的家，跑去弗农山庄和大哥劳伦斯住在一起。此时的劳伦斯已经成为弗吉尼亚当地的社会名流。劳伦斯的岳父威廉·费尔法克斯本身也是弗吉尼亚的大地主之一，同时他还是一个博学多闻的英国绅士。应该说对于教育经历并不完整的乔治而言，威廉·费尔法克斯和劳伦斯这对翁婿显然扮演着极其重要的家庭教师的角色。

威廉·费尔法克斯和华盛顿家族的发家史并不相同，费尔法克斯是英属北美殖民地地道的"贵族"，其堂兄托马斯勋爵凭借着与英国王室的关系得到了大片封赏的"无主土地"。而威廉·费尔法克斯在代其兄打理已有财产之余，自然还要不断勘测那些可以被划入自己家族名下的"蛮荒之地"。乔治·华盛顿的第一份工作便是和大哥劳

▶ 华盛顿早年的手绘地图

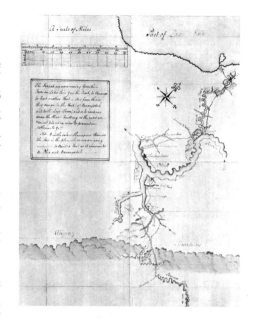

伦斯的小舅子乔治·费尔法克斯一起策马翻越蓝岭，将其家族领地扩大到波托马克河的上游地区。蓝岭是美国东半部的最高峰，复杂的地形、密布的森林使其自古便是印第安部落的天然猎场。当时年仅 16 岁的乔治敢于深入不毛之地已经算是一项壮举了，而据说他在与印第安人接触时表现出非凡的勇气，一度在弗吉尼亚传为美谈。

为期一个月的测量工作结束后，乔治·华盛顿不仅轻松地获得了每天 1 枚西班牙大金币的丰厚收入，更成为英国政府认可的注册测量员。作为高级职业人才，他受聘于获得英国政府特许开发阿巴拉契亚山脉以西 50 万英亩土地的俄亥俄公司。"公司"这一名词在 18 世纪有着相对特殊的含义，就如同臭名昭著的"东印度公司"一样，所谓的"俄亥俄公司"实际上是一个获得英国政府支持的半官方殖民机构。华盛顿家族在俄亥俄公司拥有相当多的股份，以至于公司主席托马斯·李因病去世之后，劳伦斯·华盛顿顺利地成了俄亥俄公司的掌门人。而劳伦斯不久也死于肺痨，年仅 21 岁的乔治·华盛顿不得不继承了华盛顿家族在俄亥俄公司的所有股份以及包括弗农山庄在内的劳伦斯的大部分遗产。

年轻的乔治·华盛顿身兼"富二代"和"青年企业家"双重光环，自然不缺钱和女人，但此时英、法在北美的殖民地争夺已经日趋白热化，其中与华盛顿家族的利益休戚相关的阿巴拉契亚山脉以西地区便是双方明争暗夺的核心区域之一。针对法国政府收买当地印第安部落并在安大略湖部署炮舰、修筑要塞的举动，英属弗吉尼亚采取划分军区、组建民团以对应。为了巩固自身的利益，乔治·华盛顿通过各种关系为自己谋得了弗吉尼亚北峡民团少校副官的职务，积极地准备投身英法之间即将围绕阿巴拉契亚山脉以西、俄亥俄河流域的广袤土地所展开的血腥厮杀。

事实上欧洲列强对北美大陆殖民地的争夺由来已久。除了英国之外，西班牙、法国、荷兰、瑞典也都曾雄心勃勃地加入到在大西洋彼岸"开疆扩土"的行动中去。不过由于国力的限制，瑞典和荷兰首先于17世纪中期退出了这场需要耗费无数人力物力的大国游戏。其中由荷兰东印度公司在曼哈顿岛建立的据点——"新阿姆斯特丹"更被英国人以武力占据，英国军队以战场指挥官约克公爵詹姆斯（即后来的英国国王詹姆斯二世）的封号将其改名为"新约克"，而在中国它的音译——"纽约"显然更为著名。

在淘汰了实力稍逊的两位"参赛选手"之后，欧洲列强在北美的角逐呈现了西班牙、英国和法国三足鼎立的局面。作为"新大陆"的发现者，西班牙一度在争夺美洲的殖民地中处于领跑的地位，除了在大半个南美洲建立了空前庞大的殖民帝国之外，环墨西哥湾的佛罗里达、密西西比河流域以及比邻太平洋的加利福尼亚也都在马德里的掌握之中。但是守旧的西班牙人只是将富饶的"新大陆"看成取之不尽的金矿，除了大量引进黑人奴隶以促进种植园和矿山经济之外，西班牙对来自其他欧洲国家的移民进行了严格限制。因此辽阔的西属美洲4个总督区真正可以动员的力量屈指可数。

英国和法国在北美开展殖民行动的步伐大致相当，1535年受哥伦布发现"新大陆"的刺激，被称为"骑士国王"的法国国王弗朗索瓦一世在派出南美探险队的同时，也资助众多雄心勃勃的航海家们向北大西洋进发以寻找直接通往富饶东亚的"西北航线"。出生于法国圣马洛的雅克·卡蒂埃正是其中之一。作为一个热衷于开辟通往东方新航路以追求无尽财富的探险家，雅克·卡蒂埃的一生或许只能用"时运不济"来形容。他满心欢喜地沿圣劳伦斯河逆流而上，但最终却止步于今天的蒙特利尔。当地印第安人引导法国探险队所开采的"黄金和宝石"也被巴黎的珠宝商鉴定为铜、黄铁和云母矿石。由于雅克·卡蒂埃沿用当地印第安语中意为"群落"或"村庄"的"加拿大"一词来向法国政府进行报告，"像加拿大钻石一样虚假"一时成为法国社会的流行语。雅克·卡蒂埃本人也在讥笑声中黯然谢幕，不得不提前退休。

雅克·卡蒂埃的远航虽然没有发现

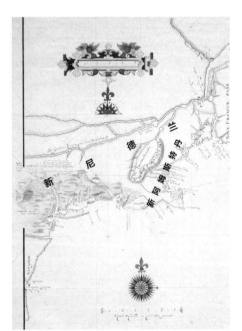

◀ **新阿姆斯特丹时期的纽约地图**

▶ 法国在北美殖民地的奠基人——萨缪尔·德·尚普兰

贵金属矿藏，但仍给法兰西带来了丰厚的回报。法国人很快发现加拿大沿海便是昔日一度被斥责为"骗子"的威尼斯探险家乔瓦尼·卡博特所发现的纽芬兰渔场。大量的鳕鱼资源以及生活在附近的海豹和海象群，吸引着越来越多的法国探险家踏上雅克·卡蒂埃开辟的道路，而其中最为成功的莫过于萨缪尔·德·尚普兰。吸引法国人深入北美大陆的是在欧洲售价不菲的海狸皮毛，因此甚至有"海狸打开了加拿大的地图"这一说法。萨缪尔·德·尚普兰便是跟随着一支皮毛贸易考察队抵达北美的。尚普兰本人是一个优秀的探险家，但他更是一个出色的商人和政客。在完成了对圣劳伦斯河流域的勘探之后，尚普兰选择在圣劳伦斯河与圣查尔斯河汇合的峭壁之上修筑一座易守难攻的要塞。这座后来被赞誉为"北美直布罗陀"的据点，被法国人根据印第安语中"河流变窄处"一词命名为"魁北克"，而由尚普兰以魁北克为中心建立起来的殖民地则被称为"新法兰西"。

在萨缪尔·德·尚普兰之后，得到法国国王路易十四支持的拉萨尔于 1682 年从密歇根湖出发沿密西西比河一路南下，最终抵达了墨西哥湾。拉萨尔随后宣布整个密西西比河流域为法国所有，并将其命名为"路易斯安那"（意为"路易的土地"）。至此法国和西班牙在北美的殖民地连成一片，形成了对英属北美殖民地北、西、南三侧的包围之势。仅就殖民地的面积而言，法国在北美可谓是三方势力中的翘楚。但作为欧洲的人口大国，法兰西在北美殖民地的常住人口却只有区区 6 万人左右（法国王室仅在凡尔赛宫便常年维持着 3 万多名工作人员）。然而与居民数量形成强烈反差的是法国政府在魁北克等地长期部署一支颇具战斗力的正规军。正是由于这支精锐武装力量的存在，法国在北美洲一度成功压制了具有人口优势的英属北美殖民地。

西班牙、英国和法国在欧洲大陆的角力往往会直接影响到北美的局势，殖民地成为欧洲竞技场的延伸。英属殖民地的民众往往以英国当时在位君主的名字来命名那些发生在身边的战争。乔治·华盛顿的长兄劳伦斯所参加的"詹金斯的耳朵战争"便被

▲ 驻守新大陆的法国正规军

归入了"乔治王的战争"（当时执政的英国国王是乔治二世）。鉴于英国在北美殖民地的人口和经济优势，西班牙和法国在北美战场上往往不得不并肩作战。但即便如此，历次北美殖民地之间的交锋也往往以英国的胜利告终。在1740—1748年的"乔治王的战争"中，英属北美殖民地当地的民兵以游击战打得法国正规军狼狈不堪，并且有力地支持了英国军队攻占扼守重要航道的要塞路易斯堡。

在英国政府还未决定下一步行动之前，殖民地的民众便鼓噪着要北上远征新法兰西。对于英国政府最终与法国人签署《亚琛条约》，并将路易斯堡归还给法国以换取法国在孟加拉湾的马德拉斯的交易，英属殖民地的民众更是骂声一片。民众之所以对战争如此积极，并非因为他们天生就有好战的基因，而是因为在"鸡犬相闻"的北美大陆之上，英属殖民地的人民觊觎邻近土地上的财富很久了。纽约的毛皮商人渴望效仿法国人深入西北与当地的印第安部落进行交易，而南卡罗来纳的种植园主们则希望在佛罗里达地区建立自己的庄园。

不过英国政府并没有给予北美战场太大的关注，毕竟除了欧洲的主战场之外，在

▼ **翻越阿巴拉契亚山脉进入西部的新英格兰移民**

伦敦的政治家和国王眼中，辽阔的新法兰西和路易斯安那还不如加勒比海上那些盛产蔗糖的岛屿更有经济价值。因此此在北美大陆上的历次交锋中，英属殖民地的军事行动大多由利益相关的当地总督和富商们自行组织，母国政府只给予有限的支持。

与大西洋海岸线基本平行、绵延 1600 公里的阿巴拉契亚山脉算得上英国移民北上的天然障碍。阿巴拉契亚山脉地势险峻，悬崖峭壁之间到处是喷涌而出的湍急河流，因此又有"瀑布线"之称，在高山峻岭面前，英国在北美最初的 13 个殖民地不得不建在阿巴拉契亚山脉与大西洋之间的狭长地带上。但是任何自然环境都无法阻止人类追逐利益的脚步，随着英属北美十三殖民地的人口增长，越来越多人的开始尝试通过冰川岩屑阻塞的峡谷。

弗吉尼亚居民很快便发现了一条翻越阿巴拉契亚山脉的"康庄大道"。在山脉西侧有一片未经开发的辽阔平原，那里草木茂盛、绿野无边，英国殖民者将其称为"大草原"。不过尽管这一地区雨量充沛、土地肥力极强，但是在 18 世纪中期之前，英属北美殖民地的居民还没有能力深入这一地区。英属弗吉尼亚的最高军政长官——总督罗伯特·丁威迪也是俄亥俄公司的股东之一，他热衷于捍卫英国在当地的权益，这其中多少也有些自己的小算盘。不过俄亥俄公司在阿巴拉契亚山脉以西只是初步完成了土地的测量，还没来得及修建任何定居点和军事要塞。这片土地上还生活着众多仰天长叹的印第安人："法国人说俄亥俄河一边的土地是他们的；英国人说俄亥俄河另一边的土地是他们的——那么我们的土地在哪里？！"

俄亥俄军事冲突和华盛顿糟糕的初战

为了通过外交手段阻止法国人的"入侵"，罗伯特·丁威迪以总督的名义授权自己在俄亥俄公司的共同投资者——乔治·华盛顿少校出使俄亥俄河流域的法国军事据点。之所以选择缺乏外交经验，并且行事有些鲁莽的乔治·华盛顿，丁迪威的考虑是他多年从事土地勘测，可以暗中谋取当地印第安部落的支持，同时也对未来战场的地形地貌进行详尽的侦察。从某种意义上来说罗伯特·丁威迪没有选错人，尽管乔治·华盛顿翻越蓝岭、穿过大片无人区，最终送达法军前沿要塞的外交信函只起到火上浇油的作用，但乔治·华盛顿还是与被印第安人称为"亚王"的易洛魁六部联盟首领成功地会晤了，获得了其所在的印第安部落对英国的支持。

易洛魁人在美国历史上享有很高的知名度。这是一个由六个部族组成的政治联盟，

▲ **易洛魁人长期与英国人保持着良好的关系**

和此后出现在美国历史上的其他印第安部族相比，易洛魁人的文明程度并不高，也谈不上特别骁勇善战，只是由于所处的地理位置，较早地与英国、法国、荷兰殖民者接触，并通过皮毛贸易获得了包括火药武器在内的工具，易洛魁人才最终崛起为北美东北部地区一支强大的政治力量。易洛魁人与欧洲人接触的最初一两百年中，始终保持着自己的中立地位。但是由于热衷于皮毛的法国人不满易洛魁人垄断猎杀海狸所产生的高额利润，时常与之发生摩擦，因此易洛魁人对英国人相对友好。不过乔治·华盛顿似乎并不清楚易洛魁六部联盟内部的政治架构。在这个超越了语言和血裔的政治联盟中，发动战争的权力掌握在由 50 位部落领袖组成的联盟议会上，而与乔治·华盛顿达成同盟意向的"亚王"只是其中之一。

与外交上自认为取得的"重大成果"相比，乔治·华盛顿对俄亥俄河谷一带的地形倒是了然于胸。针对预定战场的环境，乔治·华盛顿返回弗吉尼亚之后便推翻了此前俄亥俄公司主张在阿勒格尼河、蒙诺加拉河与俄亥俄河的交汇处修建军事据点的计划，建议将要塞选址转移到俄亥俄河的分岔口处。乔治·华盛顿的这一设想被后世的很多军事学家推崇为神来之笔。但事实上在对俄亥俄河流域的争夺之中，法国方面拥有绝对的优势。从法国在北美的核心据点魁北克和蒙特利尔出发，法国军队的士兵和

▲ **华盛顿早年的戎装画像**

重型装备可以轻松地搭乘舰艇顺圣劳伦斯河而下进入安大略湖，直达俄亥俄河上游的战场。与之相比，弗吉尼亚民兵则要通过大片未经开发的山区和森林。以乔治·华盛顿北上出使为例，尽管包含了一些会商的时间，但往返需两个半月的时间也足以证明当时从弗吉尼亚到俄亥俄河流域跋涉之艰辛。

在时间、空间均不利的情况下，英国军队动员弗吉尼亚民兵在俄亥俄河流域建造前沿军事要塞，以求"拒敌于国门之外"的想法从一开始便不切实际，而乔治·华盛顿的方案无非是进行一些细节上的修正，令法国军队无法第一时间发现弗吉尼亚民兵的工程而已，并不能改变早已注定的结局。丁威迪总督虽然赞同乔治·华盛顿的计划，但除了提拔华盛顿为民团中校之外并没有更多实际的支持。毕竟罗伯特·丁威迪总督手中可以动用的兵力有限，而在可能与法国军队正面冲突的俄亥俄河流域，英国政府也更希望只动用弗吉尼亚的民兵以换取更大的外交空间。

身为民团指挥官的华盛顿不得不自己招兵买马，但是弗吉尼亚民团的招聘广告根本无法吸引现实的殖民地居民。毕竟身为民兵中校的华盛顿本人每月都只有15先令的工资，不知道是不是还要扣除"五险一金"，总之丁威迪总督实际只发给他12先令6便士，而英国正规军的中校每月的实际收入是华盛顿的20倍以上（15英镑）。如此悬殊的工资待遇，令弗吉尼亚民兵的组建工作举步维艰。

好在丁威迪总督不是一个吝啬的人，在华盛顿中校忙碌了一周只招募了25个人的情况下，他慷慨地表示可以把俄亥俄边远地区的20万英亩土地分配给所有参军的志愿人员，同时还免除当地15年的租税。这样优厚的条件顿时吸引了大批弗吉尼亚

▼ 英属北美民兵组织的历史由来已久

当地的庄园主和自耕农，不过那 20 万英亩土地的奖赏在赶走法国人之前不过是画饼充饥。于是乎为了鼓舞士气，丁威迪总督又开出了每天 15 磅烟草的津贴。最终乔治·华盛顿勉强凑齐了一支数百人的队伍，向俄亥俄河流域开进。

英属弗吉尼亚的民兵决心为了土地和烟草而战，但是在战略部署上总督罗伯特·丁威迪却犯了一个致命的错误。为了争夺先机，丁威迪在民兵部队还没有集结完毕之时，便贸然派遣一个名叫威廉·特伦特的上尉率领百余人的先遣部队北上，赶赴俄亥俄河的分岔口修筑要塞。此举引发了英法两国之间的直接冲突。法国方面随即派出 1000 名步兵携带野战炮乘船直逼弗吉尼亚民兵未完工的要塞，勒令守军投降。而毫不知情的乔治·华盛顿刚刚率领着 120 名部下离开自己的家乡——弗吉尼亚州北部城市亚历山德里亚赶赴战场。

华盛顿得知特伦特上尉一枪没放便把接近完工的要塞拱手送给法国人的时候，他的部队已经进入了战区。在进退维谷的情况下，唯一可以令华盛顿感到欣慰的是特伦特上尉在法国人发起进攻时"恰巧"不在要塞内。在沿途又招募了 30 名闲汉之后，华盛顿硬着头皮继续前进，希望可以抵达俄亥俄公司位于红石溪的货栈，在那里构筑工事阻击法国人的军队。华盛顿的这一举动看似勇敢无畏，实乃无奈之举。毕竟战区内最大的威胁不是文明的法国人，而是始终对这场白人战争冷眼旁观的印第安人，一旦华盛顿下令撤退，那么他那些缺乏训练的民团成员很可能会立即溃散，而印第安人也会毫不留情地割下他们的头皮向法国人请赏。当然华盛顿也不是一介莽夫，在孤军深入的同时，他写信向自己的领导——丁威迪总督求援，甚至越级给邻近的宾夕法尼亚、马里兰、北卡罗来纳三个殖民地的总督写信"痛陈"唇亡齿寒的道理。

纵观华盛顿的整个军旅生涯，比较中肯的评价是其战术能力只能算中庸，但是战略眼光却着实不错。早在部队开拔之前华盛顿便根据自己出使的经验，拒绝了丁威迪总督豪气万丈的"逢山开路、遇水架桥"的直线进军方案，提出让部队经由"大草原"迂回前进。在这条对交战双方都相对陌生的战线上，法国人也一时难以

◀ **易洛魁联盟的印第安武士，与日后西方殖民者面对的苏族、黑脚族等游牧印第安部族形成鲜明对比**

揣测出弗吉尼亚人的底牌，不敢贸然出击。如果英属北美各殖民地可以抓住这一战机的话，那么俄亥俄河流域的战局发展很可能呈现出有利于英国的局面。

关于华盛顿发出的求援信件所得到的回复，根据华盛顿本人的说法，丁威迪及其他3个殖民地的总督对他的意见颇为重视，拼凑了一支总数不少于2000人的部队予以救援。事实上当时的英国政府尚未与法国进入战争状态，而英属北美各殖民地之间又向来缺乏协作精神。因此华盛顿不是被几位总督"忽悠"了，便是有意对部下撒了"善意的谎言"。唯一真正给予华盛顿帮助的，是他此前会晤的印第安人易洛魁六部联盟首领"亚王"。不过"亚王"除了带来了法国人前锋逼近的消息之外，也仅带来了40名印第安武士。

同时效忠于朗姆酒的印第安斥候也将"英国军队正在集结，似乎有发动大规模进攻迹象"的消息带到已经改名为"迪凯纳堡"的俄亥俄河分岔口要塞。法国人首先想到也是通过外交途径解决问题，于是朱蒙维尔下士携带着请求弗吉尼亚人"和平地离开此地"的信件踏上了他人生的不归路。为了不刺激对手，朱蒙维尔下士一行只有32人，除了一位英语翻译之外，法国人还特意为这支特遣队配备了一名鼓手，以便用鼓点先行通知英国人他们此行的目的是"和平"。尽管印第安盟友带来的实际支援不过是杯水车薪，但华盛顿还是决定主动出击，在尤吉奥格尼河渡口附近，他成功地歼灭了这支法国人的小分队。

关于这次军事行动，华盛顿事后颇为得意地在家书中写道："我们取得了辉煌的胜利。战斗持续约13分钟，双方猛烈射击，最后法国人退却逃走，但这也无济于事。我们最终击毙法军9人，其中有他们的指挥官维拉尔·朱蒙维尔，同时俘虏了21人。"而后世的美国史学家则添油加醋地表示这支法国小分队是一支受过专门训练，专门负责搜集情报和刺杀亲英的印第安部落酋长的"特种部队"。

根据法国方面的资料，华盛顿所谓的"辉煌胜利"并不是在"猛烈射击"中取得的，而是建立于颇不光彩的偷袭之上。事后英国方面辩称在朱蒙维尔身上搜到一份命令，上面写明了他们此次的侦察目的。但是考虑到上一次乔治·华盛顿也假借出使之名大行侦察之实，朱蒙维尔死得的确冤枉。最让法国方面难以忍受的是据说朱蒙维尔是在放下武器之后被乔治·华盛顿的部下处决的。英国方面当然不愿意承认，随即将"杀俘"的恶名推到了向来野蛮的印第安盟友头上。丁威迪总督甚至在递交给伦敦的报告中这样描述事件的过程："'亚王'和他手下的印第安人同法国人的冲突，我们试图阻止，但无能为力！"

不管怎么说，朱蒙维尔特遣队的覆灭令法国人对华盛顿恨之入骨。身为朱蒙维尔兄长的路易·维拉上尉恰好抵达前线，他主动请缨要为自己的弟弟复仇。有趣的是本来作壁上观的印第安人听说是帮一位哥哥报杀弟之仇，纷纷表示"很对胃口"。在几桶红酒的酬劳之下，路易·维拉上尉的部队之中除了500名来自新法兰西的法国正规军和民兵之外，又加入了300名手持战斧的印第安武士。法国人在加拿大经营多年，虽然与强大的易洛魁六部联盟关系恶劣，但却与居住于加拿大境内的两大印第安部落——阿尔冈昆和奥吉布瓦建立有同盟关系。面对来势汹汹的法国人和敌对部落，虽然可能还不知道已经被英国人扣上了屠杀战俘的罪名，但是易洛魁首领"亚王"果断带着自己麾下的大多数武士以"动员部落"的名义逃之夭夭了。

印第安人的离去对华盛顿来说未必是一件坏事，因为"亚王"名义上是来助战的，但实际上更像是来"蹭饭"的，40名武士的身后还跟着大群没有战斗力的妇孺。"亚王"说这是印第安人作战的传统，有妻儿在身后将令印第安武士爆发出"以一敌百"的战斗力。但是在几乎吃光了华盛顿的存粮之后，"亚王"又说印第安武士必须将妻儿安顿在安全的地方才能爆发出"以一敌百"的战斗力。华盛顿只能表示：这话听着耳熟。"亚王"的种种做派令华盛顿对印第安人原有的好感荡然全无，甚至在内心深处埋下了未来报复易洛魁六部联盟的种子。

在迎战一心复仇的路易·维拉上尉之前，华盛顿由于歼灭法国军队的战功已经荣升民团上校，获得了丁威迪总督调派来的后续增援部队——由英属弗吉尼亚民兵和英国正规军组成的2个连的指挥权。自恃兵力雄厚的华盛顿在宾夕法尼亚州的法明顿镇一带筑垒备战，他在家书中豪迈地宣布："我们时刻都在

▶ **英国人粉饰朱蒙维尔之死的油画，华盛顿正试图阻止印第安人屠杀法国战俘**

准备迎战数倍优势于我们的敌人。"甚至还吹嘘说："我听到子弹的声音呼啸而过，相信我，那种声音里有一种奇妙的东西。"据说这话后来还传到了曾在战场带头冲锋的英国国王乔治二世的耳朵里，这位沙场老将轻蔑地表示："要是他听得多了，就一定不会这样说了。"

事实证明乔治二世的话可谓一语中的，华盛顿很快就发现热情真的不能当饭吃，当他还在着手修筑要塞时，粮荒便已经开始出现。饿着肚子等待法国人进攻的弗吉尼亚民兵将这个由简单的堑壕和木栅栏组成的要塞调侃为困苦堡。这个颇不吉利的名字不仅证明了弗吉尼亚民兵的士气之低迷，更很快为华盛顿带来了军旅生涯的首次挫败。由路易·维拉上尉指挥的法国军队刚刚进入战区便俘获了多名不甘挨饿的弗吉尼亚逃兵。在掌握了华盛顿兵力配置等方面的情报之后，路易·维拉上尉果断展开正面进攻。华盛顿起初还准备放手一搏，但是弗吉尼亚民兵刚刚在平原上列阵便被对面混杂着法语和印第安语的怒吼所吓垮，全军龟缩在困苦堡内看着对手利用周边的土丘和森林完成对自己的合围。

客观地说，双方实际参战的兵力差距并不太大，事实证明跟随路易·维拉上尉的印第安武士也都是老滑头，当发现战争有演化为长期攻防战的苗头后，他们便纷纷向法国人表示明天就要撤走。而困苦堡内外的英、法正规军和民兵各为 400 人和 500 人，兵力对比接近一比一。而华盛顿手中还有轻装前进的路易·维拉上尉所没有的重型武器——6门团属炮。在双方均有不利的局面中，战场指挥官的个人意志往往可以起到决定性的作用。身为职业军官的路易·维拉上尉显然要比缺乏实战经验的华盛顿顽强得多。他一边指挥自己的部下不断用燧发枪狙击困苦堡守军，一边开始在华盛顿的堡垒外围设放鹿砦，显然有长期围困之势。而此时在困苦堡内，华盛顿却忙于和自己的同僚——来自英国正规军的詹姆斯·麦克凯伊上尉争夺指挥权。

　　詹姆斯·麦克凯伊上尉是来自南卡罗来纳州的英军独立连指挥官，对争夺俄亥俄河流域的军事行动本来就不热心，尽管名义上他必须服从华盛顿的指挥，但是自从进入困苦堡以来，麦克凯伊上尉和他的部下便摆出一副"大爷"的做派，甚至连帮忙修筑工事都以自己冒雨前来"贵体抱恙"而拒绝了。深陷重围，英国正规军率先打开了酒瓶"醉生梦死"起来。在不断有慌乱的部下被法国人的子弹打死打伤的情况下，华

▼ 另一张有关朱蒙维尔之死的木版画

盛顿硬着头皮拒绝了对手的第一次劝降，但是随后却又主动派出了会几句法语的部下和对手展开谈判。

根据华盛顿与法国军队达成的投降协议，华盛顿和他的大部分部下得以体面地撤离困苦堡，而在签署的文件中华盛顿还承认是自己下令处决了维拉尔·朱蒙维尔上尉。关于这一点，华盛顿事后"翻供"说自己不懂法文，而他的随军翻译也是个半调子，错误地将"处决"翻译成了"击毙"，所以自己才会签署这份文件。事后华盛顿一再强调当天战场上下起了瓢泼大雨，战壕里灌满了水，自己部队的弹药也悉数浸湿，以至于无力再战。

关于困苦堡的胜负，英属弗吉尼亚政府给出了一个惊人的说法："据敌军中一些荷兰人向我方某位同乡透露，法军伤亡总数超过 300 人。当夜法军一直忙于掩埋尸体，次晨还未埋完，足证其可信"云云。弗吉尼亚的报纸又在此基础上加以夸张，称打死、打伤敌人 900 名。也就是说华盛顿的部队在消灭了绝大多数敌人之后，最终选择了"和平解决"双方的分歧。不过法国人却拿着从困苦堡捡到的华盛顿日记，嘲笑这个孤军深入的指挥官说："这个孩子的思维实在缺乏逻辑，因此什么疯狂的事都干得出来。"

困苦堡之战为乔治·华盛顿的职业军人生涯投下了巨大的阴影，英国政府也以此认定弗吉尼亚民兵不堪大用，决定将原有的团级民兵部队悉数拆散成连纳入英国正规军的指挥之下，华盛顿在俄亥俄河流域折腾了 10 个月最终竟然变成了光杆司令甚至还要被降职为上尉。无法接受这一人事安排的华盛顿本人愤然辞去了军职，返回弗农山庄继续做他的庄园主去了。作为华盛顿的生意伙伴，丁威迪总督倒是对年轻的部下颇为照顾，他公然为华盛顿在困苦堡战役中的失利开脱，认为是临近殖民地的袖手旁观最终导致了弗吉尼亚民兵的战败——"如果 600 名训练有素的纽约人能够赶到，战斗结果一定会大不一样"。同时他还盛赞华盛顿为了保护部下而牺牲个人荣誉的做法，反过来指责法国人放纵自己的印第安盟友袭击撤退中的弗吉尼亚民兵，甚至打算把英国战俘卖为奴隶。

尽管对乔治·华盛顿的军事才能褒贬不一，但有一点却是可以肯定的：困苦堡之战只是英法两强争夺北美的序幕而并非结束。此外，决定双方陆军力量对比的主战场其实在大西洋上。英国政府在华盛顿兵败困苦堡几个月后便向北美派遣了爱德华·布雷多克少将指挥的英国陆军的 2 个团。与此同时绰号"老顽童"的英国海军中将爱德华·博斯科恩也率领舰队在圣劳伦斯河入海口游弋，时刻准备拦截法国人向北美增兵。

英法七年战争的全面爆发和蒙诺加拉之战

应该说英国政府派往北美的两位爱德华将军都是沙场宿将，爱德华·博斯科恩出身于英国军旅世家，15岁便投身战场。而说起来博斯科恩和华盛顿还有些渊源，他在"詹金斯的耳朵战争"中也曾效力于爱德华·弗农麾下，与乔治·华盛顿的哥哥劳伦斯是战友。不过博斯科恩毕竟是来自英国本土的"官二代"，因此同样是回家结婚，博斯科恩迎娶的是英国上层社会有名的"蓝袜子"（相当于今天的"小清新"）女作家范妮·格兰维尔，随后又顶着郡议员的头衔转战于大西洋和印度洋上。

博斯科恩拥有丰富的海上交战经验。1755年6月8日，尽管前往加拿大的法国运输船队利用大雾天气突入圣劳伦斯河，但博斯科恩还是发挥英国海军自大海盗德雷克船长以来"雁过拔毛"的精神，成功地截获了2艘（一说3艘）法国运兵船。对于这一公然挑衅，不愿与英国正面交锋的法国政府装聋作哑。不过这种绥靖政策并没有达到息事宁人的目的，随后英国海军在各大洋上疯狂地拦截法国商船，最终在随后几年里成功地将2万多名法国优秀海员投入了监狱。这种在战前便大举捕获敌国船只从而遏制对手海上力量"民转军"的做法逐渐成为英、美海军的"优良传统"。而在本国海军的护航下抵达北美的爱德华·布雷多克也有45年的行伍经验。带着英国国王亲自拟定的作战计划，布雷多克一抵达北美便着手进行远征新法兰西的准备。

1755年4月14日，布雷多克在弗吉尼亚召集了宾夕法尼亚、马里兰、北卡罗来纳、纽约四州总督正式宣布了自己所拟定的"四大战略目标"。除了要将法国人从宾夕法尼亚与弗吉尼亚边境处赶走，并收复俄亥俄河流域之外，英国军队还准备拔除法国人在尚普兰湖、安大略湖与伊利湖之间的要塞，甚至一举夺取法国殖民地新斯科舍省（拉丁文意为"新苏格兰"）。对于布雷多克雄心勃勃的计划，包括丁威迪在内的殖民地总督们并没有反对的资格，毕竟连在纽约设立指挥中心的提议都被刚愎自用的老将军以"最高指示"（英国国王）的名义拒绝了，明哲保身的总督们只能乖乖地跟随布雷多克将军的指挥棒走了。不过丁威迪还是通过一些私人关系将赋闲在家的华盛顿推荐给了布雷多克。几番信件往来之后，华盛顿欣然以志愿者的身份加入了布雷多克的参谋部。

在英国北美远征军中，华盛顿虽然顶着民团上校的头衔，但是既没有实权也没有工资。不过在老布麾下的那段时间是华盛顿一生的重要转折点。一方面华盛顿可以在职业军官手把手的教导下学习如何集结一支庞大军队、规划行进路线以及保障后勤补

▲ 富兰克林青年时代的西方印刷厂

给；另一方面，在布雷多克的参谋部内，华盛顿还结识了英属北美殖民地的众多头面人物，这其中就包括时任英属美洲邮政局长兼宾夕法尼亚省议会秘书的本杰明·富兰克林。

　　毫不夸张地说，富兰克林和华盛顿其实是两个世界的人，与拥有良好家庭环境，甚至可以说是锦衣玉食的华盛顿相比，出生于波士顿一个漆匠家庭的本杰明·富兰克林只能说是命运多舛。由于家里兄弟姐妹众多（富兰克林在家里排行十五），富兰克林很早便被迫辍学，在人生的前30年里他当过印刷厂学徒，在纽约、费城、伦敦当过"农民工"。但就在命运一次次无情的作弄之中，富兰克林始终没有放弃对知识的渴求并最终以之改变了自己的命运。

　　在与华盛顿相识之时，富兰克林已经在费城拥有了自己的印刷厂、一份名为《宾夕法尼亚报》的报纸以及相当于中国黄历的《穷理查年鉴》，甚至还建立了一座私人图书馆。以社会名流、著名作家的身份，富兰克林被选举为宾夕法尼亚省议会秘书和费城副邮务长。对此富兰克林在自传中不无得意地宣称："在获得了第一个100英镑之后，再去赚第二个100英镑就容易多了。"公职虽然收入不高，但却令富兰克林的报纸销量大增，更获得了稳定的广告收入。同时富兰克林还通过自己的职权来垄断纸张和油墨的销售。

拥有非凡号召力和社会活动能力的富兰克林自然成了宾夕法尼亚总督托马斯的心腹幕僚。在富兰克林的倡议下，费城建立了英属北美殖民地第一支公立消防队、第一支警察部队、第一所医院和第一所大学。而英、法之间即将在北美展开的激烈角逐更将富兰克林和华盛顿这两条本不相交的平行线首次牵扯到了一起。对于战争，富兰克林有着比华盛顿更深的理解，与华盛顿单纯关注军事领域相比，富兰克林的目光很早便聚焦于支撑战争的另两项重要元素——民众的支持和经济的动员。

这两点要在宾夕法尼亚实现却都不容易。宾夕法尼亚的创始人名义上是英国内战时期克伦威尔麾下著名的战将——海军上将威廉·宾（也被翻译为威廉·佩恩）。但是翻手为云、覆手为雨，最终迎回英国王室、推翻克伦威尔军政府的"老油条"威廉·宾却有一个"神神道道"的同名继承人。小威廉·宾一度富可敌国，连英国国王查理二世都欠他老子的钱。但是他本人却热衷于神学，堂而皇之地将英国王室赏赐给他的北美大片土地建设成了在英国本土不受待见的教会组织"教友会"的"理想国"。"宾夕法尼亚"一词在拉丁语中就是"宾的树林"，而全名"费拉德尔菲亚"的首府费城更是小威廉·宾心目中的"兄弟友爱之城"。

作为一个宗教团体，小威廉·宾所亲近的教友会奉行和中国古代墨家相近的理念。在"兼爱非攻"的指导思想下，宾夕法尼亚成了英属北美十三殖民地之中的一个另类。尽管"宾夕法尼亚之父"小威廉·宾于1718年去世，他拥有的巨额财富已经被构建的理想国度所耗尽，但是死时身无分文的他却为后世留下了丰厚的财富。不过要世人真正认可小威廉·宾并非一个单纯的败家子仍需要相对漫长的时间。

小威廉·宾死后，宾夕法尼亚虽然名义上接受英国政府的领导，但是小威廉·宾所秉承的民主、开放和宽容的政策却令这一区域出现了教友会大权独揽的局面。在英国和法国、西班牙在北美展开的历次战争之中，教友会始终以"如果筹集资金雇用人们互相残杀的做法不违背我们的良心和宗教原则的话，那我们就会不吝惜自己的微薄力量，为实现这些目的做出贡献"为由拒绝为英国政府效劳。

面对这样一个可以成功地使州政府瘫痪、扣发总督工资的政治团体，富兰克林当然无法正面与之冲突。富兰克林谨慎地撰写了一本名为《平凡的真理》的小册子，向宾夕法尼亚居民阐述了英属北美殖民地所共同面临的战争威胁和本州毫无军备的现

▶ 北美殖民地早期的炮台和民兵

实。出乎富兰克林预料的是，这本小册子在当地掀起了一股组建民兵的热潮。在"乔治王的战争"中，宾夕法尼亚有上万人报名加入民兵组织并自备了武器开始进行系统性的训练，这种自发的热情正是华盛顿所在的一切"向钱看"的弗吉尼亚民团所缺失的。

富兰克林之所以可以迅速地组建起一支规模不小的民兵部队，除了着重于舆论和宣传之外，还得益于他引进了两项具有创见性的金融手段：奖券和公债。教友会不是完全不同意为战争拨款，但是要想从他们手里抠出足够的军费并不容易。1745 年，宾州总督托马斯费尽口舌，才从议会得到了一笔用于战争的 4000 英镑拨款而已。与之相比，富兰克林通过销售奖券和公债轻松地筹集到了一笔丰厚的资金，独力在费城南部修建了一座颇为坚固的炮台，甚至一度准备向英国本土的兵工厂订购重炮。

事后富兰克林将自己的这一系列成功归功于托马斯总督的"正确领导"、教友会的"鼎力支持"以及宾夕法尼亚民众的"深明大义"。但客观地说，富兰克林只是成功地把握了人性的弱点而已。在小册子《平凡的真理》中，富兰克林夸大了法国人及其印第安盟友可能发动的突袭，并预言说："除了逃离种植园、家破人亡和一片混乱之外，我们又能指望别的什么结果呢？"为了保卫家园，宾夕法尼亚人自然踊跃参军。而有着优厚回报的奖券和公债更令富有的种植园主们趋之若鹜。随着爱德华·布雷多克指挥的英国远征军的到来，富兰克林又必须面对新的难题。布雷多克对英属北美殖民地在后勤工作上的拖拉作风非常不满。在得知这位将军大发雷霆之后，宾夕法尼亚议会巧妙地委派已经升任英属北美邮政局长的富兰克林前往探询一下这位将军愤怒的缘由。

富兰克林老成油滑，在猛灌了布雷多克一通迷汤之后，他许下始终支持英国远征军作战的空头支票就打算离开。但偏偏这个时候布雷多克提出了一个很现实的问题：英国远征军迫切需要运载补给和重型装备的马匹和车辆，希望富兰克林帮他们解决。

▶ 随军马车是17世纪欧洲军队必需的补给方式

而在之前的谈话中富兰克林刚刚吹牛说："远征军没有在宾夕法尼亚登陆是一大损失，在那里每户农民都拥有马车。"富兰克林显然是个擅长转化不利局面的聪明人，他回到宾夕法尼亚之后随即向当地征用马车，除了优厚的报酬之外，富兰克林所订立的合同中还特别写明"一旦马匹和车辆发生损失将原价赔偿"和"绝不强迫马车夫替士兵干活"的条款，可谓是给了被征用者充分的保障。

除了开出每辆大车每天 15 先令（这可是华盛顿中校一个月的税前收入，在生活水平不高的英属北美绝对是一笔巨款）的租金并预付七天的优厚报酬之外，富兰克林在自己撰写的广告中恫吓道："假如面对这样优厚的待遇和合理的报酬，你们仍不肯主动效忠报国……那么多勇敢的战士，千里迢迢来保卫你们，决不能因为你们忽视自己应尽的责任而袖手旁观……他们可能会采取强制手段，到时你们将呼告无门、雪冤乏术，而且也许很少人会同情和关心你们！"在软硬兼施的作用下，不长时间内一支由 150 辆四马大车、259 匹驮马所组成的车队便开赴了前线，但此时富兰克林的悲剧才刚刚开始。富兰克林是个精明的商人，在征集马车之前，他便精确计算了可能产生的成本。在富兰克林看来远征新法兰西的军事行动至少将持续 4 个月，也就是说仅是租用马车的费用便可能达到 3 万英镑。但是就在他满心欢喜地认为英国政府将用金、银币支付预付款时，布雷多克却只给了他区区 800 英镑，这点钱连 7 天的预付款都不够。

在富兰克林满腹狐疑地又垫上了 200 英镑之后，他又被来自宾夕法尼亚的"车把式"们围住了。这些朴实的农夫不认识什么将军，于是富兰克林只能自己为可能发生的车辆和马匹损失赔偿问题进行担保，而此举后来险些让富兰克林破产。好不容易劝走了"车把式"们，富兰克林被挽留在军营里吃晚饭。这顿饭显然是一场"鸿门宴"，一个叫丹巴的英国上校"委婉"地表示，他的部下即将穿过大片的无人区，而许多生活必需品他们却无力购置。这种"意思意思"的暗示，富兰克林怎么可能听不懂，于是第二天他便写信给宾夕法尼亚州政府，用公款按照对方开列的单子购置了黑糖、绿茶、上等牛油、陈年白葡萄酒、巧克力、葡萄干等共计 20 大包，由他的儿子威廉亲自押送到前线。有了这些"生活必需品"打底，富兰克林和英国远征军上层的关系迅速升温。日后在丹巴上校的帮助之下，富兰克林自己垫付的 1000 英镑得以顺利地"报销"了，这里面是不是有水分就不得而知了。

布雷多克本人多次向富兰克林描述自己宏伟的战略蓝图。老将军显然对自己的实力颇有信心，毕竟他麾下除了 2 个齐装满员的步兵团之外，还有英属北美殖民地动员起来的民兵以及易洛魁六部联盟的印第安武士。布雷多克按照自己的想法制定了"四路并进"的计划。自己亲率英国远征军主力直扑俄亥俄河谷，同时委派马萨诸塞总督威廉·舍利负责指挥由殖民地驻军和训练有素的纽约民兵组成的 2 个团进攻以大瀑布闻名的尼亚加拉。除了这两条主要战线之外，英属北美印第安事务专员威廉·约翰森中校将在易洛魁六部联盟的配合下肃清有着"第六大湖"之称的尚普兰湖周边的法国要塞。而法国人位于加拿大东南部新斯科舍省沿海的堡垒则由英国皇家海军和来自波士顿的民兵对付。

虽然名义上是"四路并进"，但是在和富兰克林的交谈中，布雷多克显然没有对其他方面的进展抱有期望。他自信地说："我将先拿下迪凯纳堡，然后直捣尼亚加拉。攻下尼亚加拉后如果时间还不太晚，我想时间一定不会太晚，迪凯纳堡阻挡不了我三四天，我将进取魁北克……"面对这位骄傲的将军，即便作为行军打仗方面的门外汉，富兰克林也有些不好意思地提醒说："您亲率天兵，迪凯纳堡自然指日可破，只是前路艰险……您路上还是多加小心吧！"

华盛顿和富兰克林一样不看好布雷多克的计划，而身在军旅之中的他还注意到几个有趣的细节。来自英国本土的士兵对驻足于军营周边的印第安女人充

▶ **与印第安土著的充分沟通是北美军事行动的前提**

满了热情，甚至经常邀请她们共赴良宵，而一位名叫"白色霹雳"的印第安酋长之女更成了英国军队中的"社交名媛"，此举自然引来了易洛魁六部联盟武士的醋意。随着越来越多的印第安女人拿着英镑走出帐篷，易洛魁武士对英国远征军的不满也上升到了沸点，而没有印第安向导和斥候的帮助，辽阔的"大草原"势必将成为英国正规军的地狱。

对于一再有人提醒自己重视印第安盟友的金玉良言，布雷多克的态度是"那些生番对于国王陛下久经考验的正规军而言微不足道！"将军的狂妄很快便影响了整个远征军，华盛顿发现所有的英国军官都携带着多达数车的行李。这使得整个部队的行进速度慢得出奇。从马里兰州西部的坎伯兰堡出发11天后，英国远征军仅仅翻越了阿巴拉契亚山脉的两座山头，走了25英里（约40公里）。当然傲慢的英国人是不肯承认自己娇生惯养的，他们将推进速度过慢归咎于北美本地的马匹不给力以及当地民团所修建的行军路是"豆腐渣工程"。

现实和理想的差距终于让固执的布雷多克忍无可忍。很多华盛顿传记的作者都宣称这位将军是在"虚心"征求了自己的副官华盛顿的意见后，决定抛下辎重轻装前进。考虑到华盛顿当时人微言轻，而身为沙场宿将的布雷多克也很清楚此时恰逢北美的盛夏季节，各大水系均处于水位低线，如果不能抓住法国内河舰队无法驰援的有利时机拿下迪凯纳堡，那么入秋之后可能将再无机会。6月11日，来自英国的绅士们终于将自己多余的行李送回了坎伯兰堡，5天之后他们翻越了阿巴拉契亚山脉进入了被称为"小草地"的平原地带。而此时肩负侦察任务的印第安斥候向布雷多克报告，他们已经打探到了迪凯纳堡内仅有100名法国人以及70名印第安雇佣兵，布雷多克随即心花怒放，决定进一步轻装，留下所有辎重、炮兵以及非战斗人员，然后"全军突击"。

事情显然没有布雷多克想象的那么简单，事实上6月8日在圣劳伦斯河河口，突破英国海军封锁线的法国运输船队将6个营的法国正规军运抵了加拿大。而长期在加拿大驻扎的法国驻军也广泛开展了"统一战线"建设。亲法的印第安部落纷纷展开了动员，在大型船只无法南下的情况下，数以百计的独木轻舟将众多擅长丛林游击战的印第安武士送达了迪凯纳堡周围。这些装备着法国人提供的燧发枪的"生番"很快便令一向认为他们"微不足道"的布雷多克吃足了苦头。

和法国方面印第安盟友的行动相比，易洛魁六部联盟的武士则显得消极得多。除了"误杀"了几个掉队的英国士兵之外，在前往迪凯纳堡的路上易洛魁几乎没有取得像样的战绩。对于这种情况布雷多克将军也没有很好的办法，毕竟谁让他的部下没事去撩人家的女人来着。7月9日英国远征军终于抵达了与俄亥俄河交汇的蒙诺加拉河，也是在这里，由于高烧不退被留在"小草地"的华盛顿终于赶上了主力部队。经历过困苦堡之战的华盛顿显然不会相信迪凯纳堡兵力空虚的情报，但在战斗打响之前他显然还是对胜利充满信心的，否则他也不会表示愿意用500英镑换取一个上战场的机会。不过抱病在身的华盛顿之所以可以追上队伍并不是他走得有多快，而是英国远征军在对手的游击战骚扰面前实在"爬"得太慢了。

在蒙诺加拉河的渡口，华盛顿目睹了自己平生所见的最强阵容：在6名弗吉尼亚轻骑兵和印第安斥候的身后，是由盖奇中校指挥的2个掷弹兵连和150名燧发枪手组成的先头部队，在一群工兵和火炮分队之后则是斯图尔特上尉指挥的弗吉尼亚轻骑兵连，而队伍中间是布雷多克将军亲自统率的800人主力队列。伴随着整齐的鼓点和军乐，英国远征军从容地渡过了蒙诺加拉河，在他们面前迪凯纳堡已经无险可依。按照布雷多克的经验，法国人此时除了主动烧毁堡垒撤回加拿大之外没有第二条路可走，毕竟这种野战工事根本扛不住自己所携带的12磅炮的轰击。但是意料之外的事发生了，走在队伍最前方的弗吉尼亚轻骑兵竟然报告说前方出现了敌人的野战部队，不过随着先头部队展开三列队形向不断射出子弹的森林展开几轮齐射之后，前方又很快传来了敌军溃散的消息。

"不自量力"或许是听到士兵欢呼声时布雷多克第一时间对对手的评价，但是这份愉悦的心情转瞬便被森林中响起的怒吼和前锋部队的惨叫声所打破。布雷多克以多年的经验第一时间分出400名士兵前往后方保护火炮和辎重，而他自己则带领着所有人赶赴第一线。但是当布雷多克抵达战场时，盖奇中校指挥的前锋部队已经彻底崩溃了。英国远征军的前锋部队之所以垮得那么快，倒不是他们缺乏训练或者意志不坚定，而是因为

▶ 在欧洲大型船只无法行驶的枯水季，印第安人的独木舟往往扮演着重要的水上运输角色

▶ 反映蒙诺加拉之战中英军溃败的木刻画

三面受敌，不断有子弹从森林中准确地击倒自己的同伴，无论是排枪齐射还是6磅炮的炮弹都无法压制对手。英国红衫军再顽强也不是傻子，于是盖奇中校向后撤退、重组队形的命令顿时被"别有用心"地理解为"跑啊！"

可惜溃散的前锋部队正好撞上了布雷多克亲率的援军，于是原本就散乱的队形更是乱成一锅粥。英国人乱，隐蔽在森林中的法国人和印第安人可不乱，他们从容地狙杀着站在团旗下重整队列的英国军官，而骑着战马、衣着华丽的布雷多克更是吸引火力的绝佳靶子。布雷多克纵横沙场多年的确有两把刷子，他在战场上东奔西走、大声咆哮，他的几个副官除了华盛顿外无不带伤，胯下的战马也被击倒了5匹，但是他自己却偏偏毫发无伤。就在他好不容易找到反败为胜的机会，准备指挥步兵夺取右翼的一个制高点、居高临下"找回场子"的时候，一颗子弹击中了他的胸部。尽管这个老军头没有当即咽气，但是他的负伤也成为压垮英军士气的最后一根稻草。面对着高举战斧冲出森林的印第安人，整个远征军丢弃了所有的火炮辎重以及依旧在地上挣扎的负伤战友，向着蒙诺加拉河的渡口溃退而去。

这个时候与英国远征军交锋的对手才从森林中露出了全貌，事实上法国正规军在迪凯纳堡的守军的确不多，在伏击英国人的队伍中只有254名法国正规军和加拿大民兵，真正的主力是650名印第安人。和习惯了在欧洲平原上作战的布雷多克相比，法国方面的指挥官贝儒尔上尉已经在蒙特利尔生活多年。贝儒尔清楚北美的地形，更熟悉印第安人的作战模式，因此他果断推翻了迪凯纳堡的计划，带着自己麾下不到900人的混编部队进入了森林。贝儒尔虽然拟了一个完美的计划，但是却遭遇了最不利的开局。面对英国正规军训练有素的齐射，法国军队一度陷入了混乱，贝儒尔本人也中弹身亡。但就在加拿大民兵纷纷逃散之际，一个叫杜马斯的法国上尉挺身而出，他身先士卒地冲上火线，鼓舞了所有法国士兵和加拿大民兵，当然也包括那些向来崇拜勇者的印第安武士。

与英国正规军相比，杜马斯的部下装备要差得多，许多加拿大民兵和印第安人手中使用的还是猎枪而不是军用燧发枪，但是森林是他们最强大的盟友，在整个交战过程中除了不走运的贝儒尔之外，法国方面仅阵亡了23人，另有20人负伤。当印第安武士提着战斧冲出森林之时，战场上已经躺满战死或重伤的英国人。印第安武士们兴奋地开始了自己喜欢的"余兴节目"——割头皮，而一些加拿大民兵也想加入这种"联欢活动"，不过杜马斯上尉果断阻止了他们。后世美国人对杜马斯上尉的这一行为给予了高度的肯定，认为其发扬了人道主义精神。但事实上杜马斯之所以这么做完全是因为侥幸获胜后的谨慎心理，他担心溃散的英国军队会杀个回马枪，所以更急于先销毁对手丢弃的那些重武器而已。

不堪战争滋扰的富兰克林和英属北美殖民地

杜马斯没有展开追击，令重伤的布雷多克及华盛顿等溃散的英国官兵得以渡过蒙诺加拉河。不过由于恐惧和低落的士气，英国远征军还是丢弃了所有辎重和不必要的补给品，只用了7天的时间便撤回了他们的起点——坎伯兰堡。此时英国远征军出发时的整齐军容已荡然无存，整个远征行动中英国正规军伤亡1000人以上，可谓元气大伤。主帅布雷多克也在负伤4天后不治身亡。主持葬礼的华盛顿事后回忆说，布雷多克临终前盛赞了弗吉尼亚民兵的勇敢，甚至以"我再也不想见到红衫军了！"表达对英国正规军的失望。

应该说布雷多克对自己指挥上的种种失误有着深刻的认识，他的遗言是"下一次遇到这种情况，我就知道如何应对了"，但他信奉的上帝并没有给他重来的机会。倒是华盛顿经此一役，总结出了"训练再好也怕骚扰"的心得，并在日后用了英国军队的身上。华盛顿在被后世称为"蒙诺加拉之战"的惨败中虽然保全了首级，但是军服上的累累弹孔以及倒毙的两匹战马还是让他深感后怕。回到坎伯兰堡之后，华盛顿第一时间躲进了弗农山庄。在此后近一个月的时间里，他除了调养身体，便是在写给家人的信中自怨自艾，表示自己连战连败，或许根本没有什么军事上的天赋。不过华盛顿的老领导丁威迪总督却并不这么认为，8月14日，在他的力邀之下华盛顿再度出山，以民兵上校的身份再上坎伯兰堡，指挥一个新组建的弗吉尼亚团。

丁威迪总督之所以如此倚重华盛顿，倒不是因为此人眼光独到，而是因为英国正规军在战场上的表现实在太差。布雷多克设计的"四路并进"之中除了得到海军配合的波士顿民兵成功地夺取了新斯科舍省的几座堡垒之外，几乎一无所获。而即便是这一方面的战果，很大程度上也必须归功于当地居民政治立场的摇摆。新斯科舍省的居民主体是自称"阿卡迪亚人"的欧洲移民，"阿卡迪亚"是一个颇为古典的希腊地名，其原意是"避难之地"。但是由于文艺复兴以来弥漫欧洲的浪漫主义情怀，意大利（当然此时的意大利还是个地理概念）探险家维拉·萨诺将自己所描绘的北美地图中弗吉尼亚以北的整个大西洋沿岸地区命名为"阿卡迪亚"，认为这便是欧洲人梦想中的世外桃源。

在北美殖民的历史中，以新斯科舍省为中心的北美洲东部沿海地区频繁在英、法之间易手，当地的居民逐渐抛弃了国籍的概念，形成了所谓"阿卡迪亚人"的特殊族群，他们对战争保持着冷漠和中立的态度。失去了民众的支持，布雷顿角岛上的少数法国驻军自然无力抵挡来势汹汹的海陆夹击，扼守坎索海峡的路易斯堡随即失守。"阿卡迪亚人"事不关己、高高挂起的态度并没有获得英国政府的认可，随着战争的深入，英国政府随即强迫"阿卡迪亚人"背井离乡向南迁徙或者直接遣返回国。在这一过程中，许多家庭妻离子散，这段被称为"阿卡迪亚人"的"大动荡"时代最终浓缩成了一首长诗《伊文格琳》。讽刺的是那些不甘受英国政府摆布的"阿卡迪亚人"最终只能选择逃往他们曾经拒绝效忠的法国统治的新法兰西以及辽阔的路易斯安那。

在其他几条战线上，英国正规军虽然没有遭遇蒙诺加拉之战那样的惨败，却也举步维艰。而在这里不得不提一下蒙诺加拉之战中溃不成军的那支英国正规军主力的动向。不知道是不是因为对深谙官场"潜规则"的富兰克林心怀好感，接管布雷多克所属部队的丹巴上校拒绝在弗吉尼亚和宾夕法尼亚的边境驻防，而是选择直接把部队拉到费城去建立所谓的"冬营"。富兰克林对此在自传中抱怨道："我们对英国正规军的勇敢无敌推崇备至，是毫无根据的！"英国正规军在后撤过程中所表现出的军纪溃散也广受诟病。富兰克林日后在指责英国士兵抢劫掳掠、无所不为的同时不忘编造另一个神话：日后前来协助美国独立战争的法国远征军从罗得岛到弗吉尼亚，700 英里行军中对民众秋毫无犯，"没有人因为失去一只猪、一只鸡甚至一个苹果而抱怨过"。

对英国正规军到处胡作非为深感头疼之外，富兰克林还要面对众多由自己招募的随军车夫的索赔。好在富兰克林在宾夕法尼亚政府和英国军队内部都广有人脉，最终高达 2 万英镑的赔偿款全部由英国政府"埋单"，富兰克林也侥幸躲过了可能令自己破产的危机。不过"羊毛出在羊身上"，这笔钱最终还是被转嫁到了宾夕法尼亚的民

▶ 充满神话色彩的富兰克林画像

众头上。早在蒙诺加拉之战之前，宾夕法尼亚州议会便通过了向"一切动产和不动产课税"以筹措6万英镑军费的法案。

远在英国本土的"大业主"们随即写信给他们在宾夕法尼亚的岁入代收官，向当地政府捐款5000英镑。有了巨额军费拨款的支持，富兰克林一边小心伺候着驻守在费城的英国远征军，一边着手组建宾夕法尼亚民团。而此时得到法国支持的印第安部落袭击了该州西部边境一个教友会的村庄，因此当富兰克林准备好一番说辞，前往费城以北74公里处的教友会聚居地伯利恒（与《圣经》中的耶稣降生之地同名，可见其宗教氛围之浓郁），打算劝说教友会同意自己在附近修筑要塞之时，他意外地发现向来鼓吹"和平"的教友会已经主动将城市改造成了要塞。

教友会不仅向纽约订购了枪支和弹药，甚至将铺路石分发给了妇女儿童，以便他们砸碎印第安人光秃的脑门。如此巨大的转变让富兰克林也不得不惊叹："不是他们（教友会）这次在欺骗自己，就是他们一直在欺骗州议会。"得到了教友会的帮助，宾夕法尼亚州西北部的要塞在一个星期便得以完工。此时费城方面也组建了一支拥有6门野战炮的民兵团，据说为了向富兰克林致敬，费城民兵特意跑到他家门口鸣放礼炮，结果大炮的轰鸣险些震坏了富兰克林当时痴迷的电学试验仪器。不过这件事至少可以说明富兰克林当时在宾夕法尼亚居民特别是民兵中的威望，甚至当他动身前往邻州弗吉尼亚时，30多名民兵军官主动策马亮剑为其送行，此举一度招来了宾州总督的羡慕嫉妒恨，毕竟这样的排场，在英国本土也只有王室成员才有资格享受。

富兰克林本人并没有第一时间注意到自己的"僭越"行径所带来的影响，因为他抵达弗吉尼亚之后便立刻受到了当地社会名流的热情接待，用富兰克林写给妻子的家信中的说法，他"快乐得像一只鸟"。当然富兰克林之所以那么开心，很大一部分原因还在于年届不惑的他在1755年收获了自己感情的"第二春"。富兰克林年轻时"很难抑制那种青年的情欲"，经常跑去找"下流女人"，但是成家之后基本还算是一个好丈夫和好父亲。

当富兰克林在1755年奔波于北美各州之时，他意外地结识了23岁的红颜知己——凯瑟琳·雷。尽管两人真正在一起的时间并不长，但是彼此之间鸿雁传情却保持了近三十年。接待富兰克林的弗吉尼亚州的头面人物中显然不包括正在前线疲于奔命的华盛顿。由于蒙诺加拉之战的惨重损失，丁威迪总督手中已经没有足够的正规军去守备长达350英里的边界，而盘踞在迪凯纳堡的法国人虽然无心在秋冬季发动进攻，但是杜马斯上尉却不断地鼓励印第安人南下劫掠。在这样的情况下，久经战阵的华盛顿自然成了弗吉尼亚的保护神。尽管华盛顿此前在与法国正规军的交手中没有讨到便宜，但是遏制小股印第安人的骚扰、制服几个喝醉后胡乱放枪的兵痞还是手到擒来的。而在这一过程中，华盛顿在整天忧心忡忡的弗吉尼亚居民和官僚中的威望也与日俱增。

在无将可用的情况下，弗吉尼亚民兵一度成了华盛顿的私人军队，州议会对华盛顿言听计从，按照华盛顿的要求，弗吉尼亚率先成立了军事法庭以专门惩戒那些不听号令的刺头。吸取蒙诺加拉之战的教训，华盛顿在大力抓弗吉尼亚民兵的常规训练之外，同时开始效法印第安人演练丛林战法。在1755年的整个秋冬，弗吉尼亚和宾夕法尼亚的边境总体来说还是相对平静的。英法两国都将注意力集中在纽约州东北部的乔治湖一线。乔治湖在名山大川众多的北美算不上什么大湖，但是其几乎位于蒙特利尔和纽约中央的地理位置使其注定成为英法七年战争前期的绞肉机。

在主动进攻受挫之后，商人出身的英国北美印第安事务专员威廉·约翰森随即着手在乔治湖修筑防线。事实证明来自纽约的新英格兰民兵的战斗力在北美各州中的确堪称翘楚。依托湖泊和防线，他们从容地击败了兵力雄厚的法国—印第安联军，甚至生擒了对方的指挥官迪艾斯考男爵。面对布满法国士兵尸体的"血池"，迪艾斯考感叹道："早上他们（纽约民兵）打起仗来就是一些男孩，到了中午他们就成了真正的男人，到了下午他们简直就是魔鬼"。不知道是不是有推广"乔治湖战役"的先进经验的成分，1756年的上半年华盛顿和富兰克林先后多次前往纽约。不过华盛顿除了拜会接管整个英属北美军事事务的马萨诸塞总督威廉·舍利之外，还有不可告人的私人目的——他正在追求纽约当地的一位名门淑女玛丽·菲利普。后世美国史学家言之凿凿地表示以华盛顿的人品相貌、社会地位，只要他愿意，可以轻松和菲利普小姐牵手，只是因为前线公务繁忙，这段美好姻缘才被华盛顿的副官莫里斯上尉搅了局。

所谓祸不单行，华盛顿在官场混得也不如意。随着弗吉尼亚民团日益壮大，长期

▲ "排队枪毙"时代的战斗一般不利于进攻的一方

对华盛顿信赖有加的丁威迪总督不淡定了。他开始对坎伯兰堡前线的事务指手画脚，甚至在信件中公然向华盛顿重申坎伯兰堡"是英国国王的城堡"，理应由弗吉尼亚州总督掌管。话说到这个分上，双方的蜜月期也就基本宣告结束了。就在华盛顿在弗吉尼亚民团的地位岌岌可危的时候，英国军队在北美战场上迎来了新的惨败。在英国海军将主要兵力集中于欧洲沿海之时，1756 年 5 月 11 日，一支法国运输船队利用英国海上封锁的松懈抵达了魁北克。不过受到战云密布的欧洲大陆的形势牵制，法国向北美增兵的力度并不大，仅有 2 个步兵营随船抵达，但是统领这支援军的法国将领最终将这次增援从"杯水车薪"变为了"雪中送炭"。在接下来的 3 年多时光里，蒙卡姆侯爵的名字成了北美英国军队心目中"麻烦"的代名词。

蒙卡姆侯爵和很多法国贵族一样有个绕口的全名：圣维兰侯爵路易 - 约瑟夫·德·蒙卡姆 - 戈松，不过事实上除了这个非常"有范儿"的名字之外，蒙卡姆早年的生活和贵族这两字压根搭不上边。蒙卡姆的家族本身就是路易十四时代崛起的世袭军人，因此蒙卡姆 15 岁便投身军旅，其日后的声名和荣誉几乎都是在战场上一刀一枪挣出来的。如果不是 1746 年在意大利战场上因伤被俘，在奥地利吃了 2 年牢饭，以蒙卡姆日后在北美的表现来看，他本该早已崛起为法国陆军的一颗新星。

蒙卡姆抵达北美之后，首先要面对的不是英国人，而是长期军政大权一把抓的加拿大总督瓦德莱尔侯爵。经过一番法国政坛特有的明争暗斗之后，最终法国在北美形成了加拿大总督理民、蒙卡姆掌军的新局面。为了应对法国增兵北美的举动，英国方面也向殖民地增派了2个团的正规军，以及"威名赫赫"的苏格兰贵族约翰·坎贝尔。坎贝尔这个姓氏本身就是苏格兰今古相传的大部落，约翰·坎贝尔的家族更在英格兰和苏格兰的历史中长期充当着重要的角色，甚至一度扮演伦敦方面"苏（格兰）人治苏"的重要角色。

身为阿盖尔公爵的第五代传人，手握重兵的约翰·坎贝尔并没有表现出凯尔特人惯有的血性和好战。约翰·坎贝尔6月底抵达北美，在了解了前线的情况之后，这位公爵随即主观地认为以北美英军的战备情况并不适合进攻。于是乎锐气正盛的英国本土援兵主力从纽约东部的奥尔巴尼"转进"费城，和从前线溃败下来的同僚们一起展开了适应性训练。对抗法国人的使命则留给了驻守在前线的殖民地驻军和北美民兵。应该说经过近一年的修筑，英国方面在今纽约州西北的安大略湖沿线已经拥有了两座半全新要塞：已经完工的奥斯威戈堡和安大略堡，以及正在施工的乔治堡，并驻守着3个团的兵力，对法国所控制的提康德罗加堡发动一次牵制进攻绰绰有余。

提康德罗加堡位于今纽约州以北尚普兰湖南端的峡谷中，可以说是法国军队跨越安大略湖嵌入敌方战线的一个桥头堡，一旦被英军拔除将对兵力处于劣势的法国军队相当不利。因此蒙卡姆抵达北美伊始便决定以攻代守，先行将英国人修筑的3座堡垒逐一击破。蒙卡姆的进攻从伏击对手的补给线开始，7月3日法国军队在奥斯威戈河上伏击了一支返回奥尔巴尼的英国船队。尽管由于水陆交火埋伏在丛林中的法国人并

▼ **今天的提康德罗加堡**

没有占到太大的便宜，但是此举还是引起了英军北美前线的一片恐慌，因为英国军队在纽约州前线的补给主要通过水路运送。从本土及其他殖民地经海路和哈德逊河运送来的粮食和弹药在奥尔巴尼分装在内河小船上，再由这些小船沿着奥斯威戈河等水系运送到夹河而建的奥斯威戈堡和安大略堡。在担心内河补给线被截断的同时，英国前线各要塞的指挥官都嗅出了危险的味道，一时之间各种求援的信件纷纷飞到身在费城的约翰·坎贝尔的手中，而正是这些求援的信件令一度被投闲置散的华盛顿再度获得了重视。

约翰·坎贝尔在费城召见了华盛顿这个并不起眼的民团上校。这次会面没有人引荐当然是不可能的，大多数华盛顿传记却在这里都有意回避了这一问题，但是我们仍可以大胆推测尽管弗吉尼亚总督丁威迪和华盛顿此时已经"蜜月不再"，但多少还有香火之情。在各殖民地争先向"新领导"献媚之际，丁威迪自然要推出自己一手扶植的本土将领，以维护弗吉尼亚的利益。坎贝尔和华盛顿在费城据说相谈甚欢，但是对于华盛顿从弗吉尼亚或马里兰西部边境出兵再次远征迪凯纳堡的计划，公爵却没有太大的兴趣。毕竟坎贝尔大人是长期锦衣玉食、住惯了城堡别墅的主，像老军头布雷多克那样深入不毛之地的事情无疑是"最讨厌的了"，何况布雷多克还死在了远征迪凯纳堡的路上！

坎贝尔这样的老油条之所以起用华盛顿，当然是别有用意的。公爵希望华盛顿能指挥 400 名民兵南下增援南卡罗来纳。以英国国王查理二世的拉丁文名字命名的卡罗来纳本不分南北，英国内战时期流亡北美的保王党贵族是这片土地最早的所有者。占据了包括今天南、北卡罗来纳以及佐治亚州大片土地的权贵们都不是精耕细作的主，在发现短期投资无法获得足够的收益之后，他们便把从王室手中获得的辽阔土地转包给了同样支持王室的辉格党。辉格党修改了此前贵族们大包大揽的土地政策，开始吸纳自耕农移民，最终令卡罗来纳在 1669 年之后快速发展。

卡罗来纳州敞开式的经营模式很快便带来了新的问题，大批从弗吉尼亚涌入的贫穷移民占据了该州的北部，对此时任弗吉尼亚总督的托马斯·卡尔佩珀曾轻蔑地表示："北卡罗来纳向来是美洲的藏污纳垢之所，是我们（弗吉尼亚）离经叛道之辈的栖息之地"。卡罗来纳南部则云集了来自法国的胡格诺教信徒、瑞士移民以及英国教友会的分支，社会成分更为复杂。而卡罗来纳州南部的温暖湿润气候以及肥沃的沿海平原令这一地区很快成为北美稻米和棉花的种植基地。诸多移民族群之间的矛盾，大地主、自耕农以及殖民地政府之间的博弈，加之种植园经济的崛起，很快令卡罗来纳州陷入了动荡之中。

1677 年和 1683 年卡罗来纳州两度爆发大规模骚乱，尽管剧情很类似，都是扣押总督，不过第一次是大地主对抗殖民地政府，第二次是自耕农对抗大地主。此后这种"有事没事就闹上一闹"成了卡罗来纳州的保留节目。最终英国王室以 1715 年的当地居民与西班牙支持的印第安部落之间的"雅马西战争"为契机正式将南、北卡罗来纳州相继收归国有。这一措施只是将原有的矛盾转移到殖民地民众和英国政府之间而已，南、北卡罗来纳州已经是英属北美十三殖民地中相对更加难管理的刺头。真正缓解英国政府和南、北卡罗来纳州之间矛盾的不是将其收归国有的赎买，而是佐治亚州的建立。佐治亚州的土地原本也属于卡罗来纳，但是由于其靠近英国的对头——法国、西班牙在北美的势力范围，一度无人敢贸然在那里建立移民点。雅马西战争之后，卡罗来纳州的居民们担心庇护雅马西人的西班牙展开报复，于是请求英国政府在这一缓冲地带建立防线。英国政府从本土监狱里释放出大批在押囚犯，在这些"开拓者"身后，南卡罗来纳州的种植园主们随即跟进，大家埋头圈地之余自然忽略了和英国政府叫板这件事。在英法之间的北美角逐中，南卡罗来纳州本是相对安全的大后方，但是鉴于法国和西班牙之间长期的隐性同盟关系，英国不得不考虑马德里方面从佛罗里达挥军北上的可能。当然坎贝尔也深知南、北卡罗来纳的种植园主不是省油的灯，南下的弗吉尼亚民兵可能还同时肩负着"维稳"的重任。

华盛顿提出再次远征迪凯纳堡的计划之时，法国北美驻军总指挥蒙卡姆恰巧率军从魁北克乘船南下。不过蒙卡姆并没有加强当地的防御，而是抽调了守军中的精锐以及包括缴获自布雷多克远征军的众多火炮，分乘 80 艘内河战舰直扑安大略湖旁的英军堡垒。如果坎贝尔公爵接受了华盛顿的建议，那么英国军队即便无法牵制蒙卡姆的攻势，仍有机会一举拔出迪凯纳堡这个钉子。不过历史不容假设，就在坎贝尔派出的增援部队还在路上的时候，法国军队的攻城炮群已经在安大略堡城外齐声怒吼起来。在 18 世纪的战争中，火炮性能的提升使得曾经需要漫长围困才能夺取的堡垒变得日益脆弱，而比野战工事更为脆弱的是要塞守备者的意志。指挥安大略堡守军的梅策尔中校果断放弃了堡垒，退守一河之隔的奥斯威戈堡。

习惯了欧洲战场上惨烈要塞攻防战的蒙卡姆显然对英军的这一举动颇不理解，为了阻止对手集结兵力发动反击，法国军队随即在安大略堡的高地上对奥斯威戈堡和未完工的乔治堡展开猛烈炮击。蒙卡姆显然没有分析梅策尔中校的心态，敢于不战而放弃一座要塞的人，根本不在乎多放弃一座。不过这一次随着他本人在炮击中丧命，他麾下的殖民地驻军和民兵当即决定向法国人投降，但是要塞的大门一开，手持战斧的印第安人便呼啸而入，展开了疯狂的屠杀。

关于这次屠杀中蒙卡姆扮演的角色，西方史料给予了高度的肯定，他们一致认为蒙卡姆这个来自法国的绅士用自己的"骑士精神"征服了自己野蛮的部下，挽救了众多战俘和随军妇孺的生命。但是换一个角度来看，如果投降就屠城的话以后还有谁肯投降啊！蒙卡姆虽然成功拔除了安大略湖附近的英军前进基地，但是这一损失对龟缩后方的英国正规军主力而言根本谈不上伤筋动骨。相反来自3座要塞的战俘被押送到蒙特利尔之后，倒是给原本粮食就不能自给的新法兰西造成很大的压力。

蒙卡姆见好就收，将主力部队带回提康德罗加堡，之后英法两国的主力部队继续保持着在乔治湖一线对峙的局面。整个1756年的秋冬季节，活跃于战场上的是那些

▼ 阻止印第安人屠杀战俘的蒙卡姆

富有野外生存经验的"探险家"们。在各自纠集了一批民兵之后，英法两军各自组成了"特种小队"在对手的后方大肆烧杀劫掠，其手段之残忍远胜于印第安土著。英国军队在安大略湖的惨败，令弗吉尼亚再度陷入了一片恐慌之中，华盛顿和他的民兵部队再度成了当地居民心目中的"保护神"。不过华盛顿本人对"屈尊降贵"接见自己的坎贝尔公爵却没有太多的好感。因为公爵除了要求抽调弗吉尼亚民兵南下之外，并没有满足华盛顿本人加入英国正规军的要求。在混入"体制内"的希望落空之后，华盛顿和丁威迪总督的关系也没有实质性的改善。心灰意冷之下，华盛顿再度对自己的军旅生涯消极起来。1757 年年底，他干脆以身体不适为由，请了长期病假跑回了弗农山庄。在华盛顿郁郁寡欢之际，他的老朋友富兰克林的日子也不好过。

和华盛顿相比，富兰克林面对的是另一种形式的尴尬。鉴于富兰克林在宾夕法尼亚的影响力，一山难容二虎的总督莫里斯曾有意让富兰克林率军出征，但是精明的富兰克林对这一险恶用心洞若观火，百般推诿。就在双方僵持不下之际，1756 年的 8 月份英国本土派来职业军官田纳接任宾州总督之职，而就在新总督的欢迎宴会上，田纳向富兰克林颁发了 3 年前英国皇家学会授予的金质奖章，以表彰富兰克林在电气试验方面的突出成就，拉拢之意不言而喻。在这里值得一提的是，此时富兰克林的声名已经漂洋过海，在英国本土的政界中也颇有影响力，这方面还要多谢早已作古的布雷多克将军。1755 年英国军队在北美的全线进攻陷入了瘫痪，很大程度上要归功于法国军队在打扫战场的过程中意外缴获了布雷多克和英国国王乔治二世及其他军政要员的信件底稿，法国人由此对英国军队的战略有了全面的认识。

出于军事上的需要，凡尔赛宫直到一年之后才将其交给巴黎的新闻媒体，以揭露"穷兵黩武的英国政府在北美的野心"。不过此时的欧洲大陆已经战云密布，很少有人还关心遥远的北美的局势。在法国报纸刊登的布雷多

◀ 第五代阿盖尔公爵坎贝尔

克的信件中，富兰克林的名字赫然在列，当然主要是布雷多克向英国本土的同僚吹嘘富兰克林对自己的恭谨和"帮助"，这些信私下传阅也许根本进不了脑子，但上了报纸之后，英国政府却不得不重视起这个"拥军模范"来。富兰克林本人事后在自传中说："这些推荐从来没有对我起过任何作用。"不过不管怎么说，富兰克林至少在英国政府上层混了个脸熟，因此在新总督和州议会由于新的军费拨款陷入僵持之时，宾州的土财主们一致推选富兰克林"赴京请命"，不过从费城抵达纽约的富兰克林却迟迟无法启程。

富兰克林在自传中，将行程耽搁归咎于曾和自己一起试图调解宾州大地主和总督关系的坎贝尔公爵。为此富兰克林还特意编了一个段子，说他在纽约遇到一个在 2 个星期前便应该出发去费城的信使，便好奇地询问他怎么这么快便把公爵写给总督的信送到了。结果对方却告知富兰克林自己尚未动身，因为坎贝尔公爵 2 个星期都没把信写好。富兰克林故作惊奇地问："怎么可能，他是一个勤于动笔的人，我每次见他，他都在伏案写作！"结果信使俏皮地回答说："是啊！他就像广告上的圣乔治，总是在马上，但是寸步不前。"然后富兰克林又煞有其事地说，他在英国本土也听到了众多官员对坎贝尔公爵的不满，因为陆军部长"从未接到任何报告,不知道他在干什么！"

富兰克林的这一说法显然与事实相悖，实际上他本人之所以不得不在纽约盘桓 3 个多月，完全是因为英国政府从 1757 年初开始便谋求在北美地区给予对手致命一击。而根据此时掌握了英国军队指挥权的威廉·皮特的计划，英国人准备以最为擅长的海陆联合、两栖登陆的模式给予法国人致命一击。

英法七年战争中北美战场的转折

被后来的英国首相温斯顿·丘吉尔称为"真正意义上的第一次世界大战"的七年战争，其主战场无疑在欧洲大陆。与英国结成同盟的普鲁士在好大喜功而又顽强善战的国王腓特烈二世的领导之下，独力对抗着法国、奥地利以及俄国三大欧洲陆军强国的围攻。这种行径后来被普鲁士政治家俾斯麦嘲讽为：用身体替英国人挡子弹。但平心而论，伦敦方面也并非袖手旁观，除了不停地以经济援助的方式向普鲁士王国输血之外，凭借着强大的海军，英国政府也不时对法国及西班牙港口实行封锁，以便在海外收割更多的殖民地。而北美和南亚次大陆更是英国政府竭力想要趁普鲁士牵制法国之际迅速建立压倒性优势的地区。

此时主持英国对外军事事务的政客威廉·皮特，主张利用英国的海上优势，溯圣劳伦斯河而上直插新法兰西的心脏地带——魁北克和蒙特利尔。而要实现这一目标，英国军队必须首先攻占扼守圣劳伦斯河入海口的布雷顿角岛。布雷顿角岛面积不大、居民不多，但地处兵家必争之地，多年以来英法的反复拉锯，使得巴黎方面不惜重金在其西南角建立了颇具规模的海防要塞——路易斯堡。出于与英国同行相同的考虑，法国海军部从 1757 年春季开始便从土伦、布雷斯特等本土海军基地抽调舰船，穿越英国海军的封锁线抵达北美，组建了一支由 9 艘战舰、2 艘巡航舰组成的加拿大舰队拱卫布雷顿角岛。

8 月 19 日，英国舰队高大的桅杆和飘扬的米字旗终于出现在法国人的望远镜里。不过面对法国人海陆协防、严阵以待的架势，英国远征军一时也无从下嘴，只能在对手炮火的射程范围之外保持"强势围观"的姿态。这种无所事事的海上对峙，终于招来了天谴。9 月 25 日，一场风暴席卷加拿大沿海地区，尽管交战双方都有所损失，但显然地处港外、毫无遮蔽的英国舰队更为吃亏。最终英国海军第一次远征布雷顿角岛的行动以不了了之收场。究其原因，与其说是法国海军料敌在先，提前加强了加拿大沿海的防御，不如说是英国海军此时尚未确立与之放手一搏的决心。正如当时担任远征军参谋一职的詹姆斯·沃尔夫中校事后所总结的那样："舰队司令应尽全力迅速突入敌人的港口……行动果断，便没任何障碍；因为战时的一切情况实质上都要冒险，或很难选择，应该允许碰运气和随机应变。"而这位年轻的军官不久后成功地将自己的想法付诸实践。

就在英国海军在加拿大沿海无功而返的同时，北美战场上的法军主帅蒙卡姆故技重施，再度由提康德罗加要塞出发，率法国—印第安部族联军 7500 人大举进犯乔治湖南岸的威廉亨利堡。由于此时北美英军的注意力都集中于配合英国海军对布雷顿角岛的进攻，因此威廉亨利堡内的 2000 名守军连同其指挥官门罗中校都处于孤立无援的境地。1757 年 8 月 4 日夜，法国工兵完成了第一道围城壕的挖掘，或是为了减少攻坚战的伤亡，或是要进行围点打援，总之蒙卡姆按部就班地对威廉亨利堡展开围城战。

经过数天的围困，威廉亨利堡内的伤亡已超过 300 人，大多数火炮都在法军的炮击下成了废铜烂铁，外围的墙体也被炸开了数个口子，无奈之下门罗中校选择了向蒙卡姆投降。双方拟定的受降条款与当年华盛顿撤出困苦堡时相仿：所有英国降兵承诺在 18 个月内不得再次参战，堡内的仓库贮存和火炮则被留下来，作为法军的战利品。

但门罗显然没有华盛顿那般幸运，就在他率领一干降兵及其随军家属撤出堡垒之时，大批与法国结盟的印第安武士突然对其展开了屠杀，虽然蒙卡姆及时策马赶到阻止了这一行径，但仍有 50 多人死于印第安人的刀斧之下，门罗本人也被割掉了头皮，苟延残喘地回到己方控制区后不久即告离世。

1757 年可以说是法国人在北美军事的巅峰；而英国方面无论是本土民众还是殖民地住户都对自己子弟兵的表现近乎绝望。为了鼓励士气，英国人再度开动宣传机构，大肆渲染法国人在威廉亨利堡的"背信弃义"和"疯狂屠戮"，伤亡数字也水涨船高地上升为上千人。日后美国作家詹姆斯·库柏以威廉亨利堡的故事创作的历史小说——《最后的莫西干人》可以说便是对美国人这段集体记忆的集中投影。

在义愤填膺的民众的舆论压力下，威廉·皮特宣布撤换北美英军主帅，坎贝尔公爵被召回伦敦，代之以另一位苏格兰军事贵族詹姆斯·阿伯克姆。不知道坎贝尔公爵是不是在交接工作时向自己的继任者提起过昔日华盛顿的建议，总之阿伯克姆上任伊始便拟定了一个代号"三叉戟"的进攻计划。除了再度发动对布雷顿角岛的两栖登陆

▼ 早期的《最后的莫西干人》的插图

▼ 1992年电影《最后的莫西干人》的海报

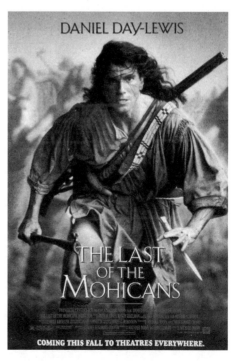

战和跨越乔治湖直捣提康德罗加要塞之外，还特意分出一军沿着昔日爱德华·布雷多克的进军路线，攻入俄亥俄河流域，军旗直指迪凯纳堡。

如此声势浩大的进攻计划自然少不了英属各殖民地的鼎力支持，长期赋闲在家的华盛顿也重新披挂上阵，率领弗吉尼亚民兵主力为英国正规军负弩前驱。值得一提的是华盛顿此前的那段"悠长假期"并未虚度，在这段时间里他邂逅了自己人生中的"真命天女"——玛莎·丹德里琪。按照国人的观念，年长华盛顿一岁的玛莎或许并非佳偶，因为她有过一段婚史且育有两个孩子。但在真爱面前，这一切都不是问题，何况玛莎出身富户又继承了亡夫的大笔遗产，与之结合，华盛顿家族在弗吉尼亚的地位将更为稳固。不过华盛顿来不及完婚便奔赴战场，除了想一雪前耻之外，此次用兵阿伯克姆特意提升了殖民地民兵军官的地位，使之与正规军享受同等待遇，这也是华盛顿主动请战的主要动力。

1758年6月，英国海军在法国本土发动了一场针对布列塔尼半岛的登陆作战，导致法国海军不得不撤回国内。经过长达6周的炮击，英国人终于迫使路易斯堡的守军投降，攻占了布雷顿角岛，但此次两栖登陆作战也投入了1.4万名士兵和150门各型火炮，使得其他两条战线在物资方面都捉襟见肘。其中阿伯克姆亲自指挥的提康德罗加要塞攻坚战，英军虽然号称动员了3个旅、1.7万大军，但其中绝大多数是既没有武器，又没有营帐的北美殖民地民兵，不过阿伯克姆本人似乎并不介意。1758年7月5日他指挥着这支北美历史上规模最大的白人武装，以宽度几乎覆盖了整个乔治湖、前后长度延伸达7英里的庞大船阵扑向对手。

比起一味追求声势的英国统帅，法军指挥官蒙卡姆现实得多。他从容地放弃了湖畔的防线退守提康德罗加要塞周边的丘陵地带，而在数量庞大的英国军队忙于登陆和重整队形的2天时间里，法国人将通往要塞的道路布置成了一个由鹿砦、拒木组成的迷宫。7月8日，当英国军队尝试着发起进攻之时，他们很快便发现己方的步兵不得不艰难地在各式各样的障碍之间绕来绕去，阵型一片混乱。而前方的斜坡之上，法军则可以从容地在堑壕中探出身子，居高临下，用手中的燧发枪狙击这些毫无还手之力的对手。在一次又一次地重复进攻—撤退—重组—再进攻的死亡循环之中，英国正规军士兵呼喊着口号，在军乐的伴奏下，翻越着因尸体横陈而越来越拥堵的障碍，沿着高地前进，直到被一颗子弹击倒。与之相比北美民兵则相对聪明一些，他们手持精度相对较高的线膛枪，隐蔽在英军正规军的纵队后面，瞄准了从堑壕中露出的脑袋，扣动扳机。

在长时间无法形成有效突破的情况下，阿伯克姆投入他从家乡带来的苏格兰"守夜人"高地步兵团。伴着风笛声，穿裙子的苏格兰壮汉们发出怪叫，冲进了前方的障碍。一些幸运的士兵甚至冲破层层障碍，杀进法军的战壕中展开肉搏战，但是不久就被法军所淹没，在损失了647名士兵之后，骁勇的苏格兰人也败下阵来。这时候，英国人不得不承认自己的失败。在夜幕和轻步兵的掩护下，他们搀扶着受伤的战友，无奈地退出了战场。而蒙卡姆的士兵们也在这场血战中拼尽全力，为了防止第二天英军再次进攻，他们不得不在堑壕中过夜。

经过一晚的休息后，第二天一早，法军就开始重新加固自己的堑壕。一些斥候侦查发现英军已经毁掉了他们的营房，法军开始陆陆续续走出堑壕，救助那些在鹿砦、拒木之间挣扎的英国士兵，但他们仍然提心吊胆，因为阿伯克姆尽管损失惨重，但他手下的人数仍然高于法军。直到第三天，法军的侦察兵搜遍了这里，除了一些英国的伤兵以外，再没见到任何一个英国士兵，他们才彻底相信，英军已经被赶走了。这场战役中英军的损失很难确认，因为阿伯克姆给威廉·皮特上报的数字无疑是被大大缩小了的，根据法国人的估算，英军至少伤亡了2600人。

英军对提康德罗加要塞的强攻可谓是一个经典的反面案例。在这次战斗中，英国人根本没有动过侧翼包抄的念头，甚至忘记了他们携带的火炮，尽管阿伯克姆手中的兵力是对手的四倍，但一次又一次的死亡冲锋除了增加伤亡数字以外，并没有任何作用。

当然蒙卡姆的指挥并非无懈可击，如果蒙卡姆是一个大胆的军事家的话，他应该派加拿大民兵迂回到英国纵队的侧翼，和正面的正规军一起配合形成交叉火力，但蒙卡姆事实上也是一个典型的欧洲军人，他骨子里也对所谓的"丛林战术"充满着不屑。在这次战斗中，他交给加拿大民兵的任务只是保护正规军的侧翼，而这也使得他未能取得更大的战果。但无论如何，蒙卡姆在提康德罗加要塞击败英国重兵集团的消息还是极大地鼓舞了法国朝野的军心

▶ **在乔治湖战役取得辉煌大胜的法国军队**

士气。而英军主力兵败乔治湖的噩耗传到俄亥俄前线，也令华盛顿的顶头上司福布斯将军大感棘手，他随即推翻此前华盛顿建议的循故道迅速北上的计划，非要另外修筑一条穿过宾夕法尼亚中部的新路。华盛顿对此颇为不解，直到9月中旬英国北美指挥官再度易人，华盛顿才最终看懂了福布斯将军的"良苦用心"。

客观地说，亲切随和的阿伯克姆在英属北美还是颇有人缘的，各州总督都对他颇有好感，英属北美民兵更对他一视同仁的行事风格大加赞赏。但此公过去的管理和指挥经历并无出彩之处，其亲历作战见闻不广，且仅限于团级指挥，显然无法胜任运筹帷幄、统领全局的军事统帅一职。因此威廉·皮特果断将指挥权移交给了攻克路易斯堡的英军宿将——杰弗里·阿默斯特。而在主帅更迭的过程中，福布斯将军的"筑路前行"既彰显了英国军队排除万难的进攻决心，又避免了轻师冒进可能遭遇的挫折，可谓是一举两得的妙棋。不过随着阿默斯特正式走马上任，重新制定了兵分三路围攻魁北克的计划后，福布斯将军随即积极起来，他不顾军用公路才修了45英里、距离迪凯纳堡还有50多英里的现实，亲率800名精兵直驱敌阵，可惜最终还是中了法国人的埋伏。

大败而回的福布斯重整兵马，表示准备一鼓作气拿下迪凯纳堡，否则他无法向总司令交代，不过在排兵布阵上他却委任华盛顿和弗吉尼亚民兵。面对这份"殊荣"，华盛顿本人不得不感叹说："这样重用地方部队，在北美是没有先例的"。怀着忐忑不安的心情，华盛顿第三次向着迪凯纳堡前进。沿途的遗骸白骨无一不在提醒着他昔日的屈辱，但当真正接近那座4年前便应该入驻的堡垒之时，弗吉尼亚人才发现它早已是空空如也。原来在提康德罗加战役后不久，英军主力便切断了加拿大与南面迪凯纳堡之间的联系，迫使当地的法国守军将工事付之一炬，乘坐平底船提前转移。为了表示自己是在上级的正确指导下才获得这一"胜利"的，福布斯随即大笔一挥将迪凯纳堡改名为"皮克堡"，没有人会想到此时的残垣断壁日后竟然会成为世界著名的钢铁都会。

收复迪凯纳堡对华盛顿而言可谓功德圆满。1759年1月6日，退伍的华盛顿正式迎娶自己的新娘——玛莎·丹德里琪，此时两人名下的财产共计2.2万英亩土地和349名奴隶，加上其他动产和不动产，华盛顿已经是当地首屈一指的富豪了。所以他的解甲归田，绝对不是故作姿态，何况随着法国军队撤离俄亥俄流域，对于弗吉尼亚人而言战争已经结束了，至于攻占魁北克和蒙特利尔，那显然是英国正规军的任务。

正当华盛顿享受新婚的喜悦之时，英法两军的统帅部却正忙于制定新一年度的战

争计划。尽管在乔治湖重创英军主力，但加拿大上下都深知英军下一步必将发动更为猛烈的攻势，因此虽然彼此成见很大，总督沃德勒伊和蒙卡姆侯爵还是共同制定了防御计划。该计划的核心是利用新法兰西尚有的人力和物力资源，通过要塞防御和小规模骚扰式进攻延缓英军对魁北克城的向心攻势。因此法军在尚普兰湖走廊、蒙特利尔和魁北克城三个地区构建防御体系，其中的重点在尚普兰湖走廊，不但加固了原有的要塞，还在尚普兰湖的上游——黎塞留河修建了更多的据点。

当然无论是沃德勒伊总督，还是蒙卡姆，都深知在兵员和物资都日趋枯竭的情况下，这种被动防御是无法改变目前的不利局面的。唯一支撑加拿大法军继续苦战下去的是虚无缥缈的希望和侥幸心理，他们认定英国军队会继续从陆路发动进攻，一座要塞一座要塞地攻打。而随着普鲁士在欧洲大陆的拉锯战中不断被消耗，法国可以在欧洲战争中取得优势，逼迫英国人在谈判桌上解决问题。值得一提的是，沃德勒伊和蒙卡姆在制定这一计划的过程中积下了很深的矛盾。总督主张在运用正规军作战的同时，还要动员当地百姓通过游击战的方式逐步瓦解远道而来的英军；而将军则认为民兵的素质太低，不值得信赖，而且游击战有失"绅士风度"，也无益于从根本上解决困境，还是应该通过正面决战，一战定乾坤。

早已江河日下的法国波旁王朝让沃德勒伊和蒙卡姆一次又一次地失望。由于国内长期的政治腐败、经济凋敝以及军队建设的废弛，法军在欧洲战场上已没有路易十四时代的威武。陆战不利，谈判筹码从何而来？而且沃德勒伊和蒙卡姆还不知道，他们的国王路易十五以及他的权臣们私下早已有了全面放弃北美殖民地的打算。1758年冬，蒙卡姆派他忠实的副官布干维尔回法国求援，然而受倍受冷落。1759年春，布干维尔带着那少得可怜的物资返回新法兰西，同时他也给蒙卡姆带来一个可怕且可靠的情报：已经有运载着上万名英军的舰队向魁北克驶来了。此举可谓出乎蒙卡姆的意料，此时在魁北克的法国军队只有约 3500 名正规军和 1500 名殖民地军，攻守双方实力相差悬殊。决心背水一战的蒙卡姆也明白，一旦魁北克失陷，那么整个法属北美殖民地体系也将不复存在。面对来势汹汹的英军，蒙卡姆准备依托魁北克城一带险要的地形阻止英军登陆。随着英国舰队于 1759 年 6 月 26 日浩浩荡荡地开进圣劳伦斯河河口，一场决定北美统治权的战役正式拉开了序幕。

蒙卡姆此时并不清楚，他在魁北克城下所面对的英国远征军虽然兵力雄厚，但在威廉·皮特 1759 年的整个战略之中却只是扮演着"偏师"的角色。这一点从其指挥官的人选上便可以初见端倪，32 岁的英国陆军准将詹姆斯·沃尔夫受命领军，而英属北美的陆军主帅阿默斯特则由圣劳伦斯河南下再度进攻提康德罗加要塞。显然英国军队的计划是以沃尔夫军团牵制魁北克的法军，以便阿默斯特可以成功地拔除提康德罗加要塞这颗钉子。不过，沃尔夫军团虽然成功地在魁北克城下游 6 公里处的奥尔良岛和对岸的利维斯港登陆，摆脱了漂泊于船上的眩晕和疾病之苦，但面对法国军队沿魁北克城至城东的蒙莫朗西瀑布一线修筑的防御工事，如何展开下一步的行动，沃尔夫本人也是心中没底。

攻守双方对峙 10 天之后，沃尔夫终于决定采取行动了。他指挥部队在蒙莫朗西瀑布的东岸登陆，企图引诱蒙卡姆放弃有利地形主动出击。但老练的蒙卡姆识破了对手的意图，仍然在瀑布西岸坚守不出。之后沃尔夫又在法军的正面方向组织了一次登陆作战，但由于事前勘察失误，导致这次行动更像是一次通向死亡的"攀岩比赛"。不但没占到任何便宜，反而白白失去了 500 名士兵的生命。英军士气大跌，而法军则信心倍增。蒙卡姆还随即把他的大本营移到此处，期待着英军再一次送上门来。

在无奈地撤军后，沃尔夫痛定思痛，暂时放下强攻的计划，不断派出侦察部队继续寻找适宜登陆的河岸。因为对于英军来讲，如果不采取登陆作战，而是绕过蒙莫朗西瀑布前往魁北克城的话，即使他们击溃了部分法军，他们还要继续设法跨越横亘于面前的更长更宽的查尔斯河才能兵临城下，但到那时想必可怕的冬季也已经到来了。不过，让沃尔夫稍感欣慰的是从南、西两个方向进攻的英军的进展。7 月 26 日，阿默斯特成功攻占了提康德罗加要塞。在印第安部落中颇具影响力的英国商人威廉·约翰逊，也顶着陆军准将的头衔，率领由 2300 名正规军和民兵以及上百名印第安人组成的部队迅速攻占了蒙特利尔的西北门户尼亚加拉堡。至此，英军对魁北克和蒙特利尔的三面合围已基本成型。而就在英法两军在魁北克城僵持不下的时候，英军的勘测队终于有了重大的发现：他们在沿圣劳伦斯河南岸向上游勘测的过程中，偶然发现魁北克城西边有一处高约 53 米几乎垂直的峭壁，其脚下的河湾非常适合停靠登陆小艇，可供部队大规模地攀上峭壁，直抵魁北克城下。由于蒙卡姆在这里没有部署重兵，所以英军若在夜里登陆，几乎不会被发现。

难以想象当疾病缠身、踌躇满志的沃尔夫在得知这一情报后的兴奋之情。他随即开始筹划登陆作战，同时他还要在蒙莫朗西瀑布东岸稳住尚被蒙在鼓里的蒙卡姆和他的军队。部队出发时间选在 9 月 12 日夜，9 月 13 日凌晨 1 时许在英国皇家海军"萨瑟兰郡"号主桅上的灯笼晃动了两下后，沃尔夫准将率领约 1700 名士兵乘坐 30 艘登陆艇作为先头部队从利维斯港出发，开始了这场极其危险的征途。没过多久，打头阵的 6 艘登陆艇搭载着英国军旅世家的新秀——威廉·豪所指挥的第 47 步兵团抵达登陆点。他们将攀登峭壁，为后续部队开辟"道路"。在未遇到任何抵抗后，又有约 1900 人开始了登陆，英军在这一晚占足了好运气。就在沃尔夫他们登陆的同时，英军舰队佯攻法军正面，让蒙卡姆误以为英军终于发动了总攻，根本没想到英军在魁北克城西部已经悄悄地开始登陆了。在东方刚刚露出一丝鱼肚白的时候，英军登陆完毕，沃尔夫下令部队就地休整，准备第二天的那场恶战。

▼ **英军在魁北克登陆的新闻画**

英法七年战争的结束

随着天色逐渐变亮，在魁北克城的法军终于发现了如神兵天降一般的对手，不少守城的民兵在得知这一消息后惊慌不已，顿时城内人心浮动。经过英国海军一夜的炮击，蒙卡姆此时也如梦初醒，透过望远镜，他看到远处那一大片鲜艳的红色正在魁北克城以西蓄势待发，此时是 1759 年 9 月 13 日清晨 6 点 30 分。面对如此出乎意料的情形，实际上蒙卡姆除了惊讶于英军的行动和懊恼自己的失算外，他心里还有几分满足，他终于等来这个机会与沃尔夫展开"堂堂正正"的决战。他旋即抽调精兵强将向城西移动，可是小心谨慎的总督沃德勒伊怕英国海军会乘虚而入，因此他只允许蒙卡姆带 3500 名士兵（相当于不到三分之一的军队）出城，更为致命的是，严重缺乏训练的民兵占了其中绝对的多数。根据蒙卡姆的命令，法军以最快的速度穿过查尔斯河，赶赴亚伯拉罕平原。

在一番地形勘察之后，沃尔夫开始排兵布阵。由于英军的右翼紧邻悬崖，因此在一定程度上减轻了防御压力。左翼则由威廉·豪率领他的轻步兵负责防御。因此即便面对人数略占优势的法军，沃尔夫仍有信心战而胜之。上午 10 点，早已迫不及待的蒙卡姆下达了进攻的命令，法军踏着整齐的步伐快速地向严阵以待的英军阵地前进。为了减少葡萄弹造成的伤亡，行进中的法军采用长横队的队形。在两军刚接火时，法军的表现还如蒙卡姆所预期的那样给英军的两翼制造了不少的麻烦。每当前排有不幸中弹的英军士兵倒下，后排就马上会有人来填补这个空缺，但英军就是不还击。这绝不是那种"你有枪膛我有胸膛"的迂腐心理，相反这是一种残酷但却最行之有效的"等待"。在沃尔夫的严令下，英军将士们一直在等待那个时机的到来。随着法军阵线的前压，他们距离英军的有效射程越来越近了……直到双方相距仅有 30 余米的距离时，沃尔夫一声令下，英军发起全线反击，完成了一次排山倒海般的齐射！顷刻间，在法军面前形成了一道不可逾越的弹幕，而冲在最前面的法军，被蒙卡姆寄予厚望的正规军，绝大多数被当场击毙，法军的进攻势头一下子就被遏制住了，很多法军士兵开始逃离战场。

英军如此大杀伤力的齐射足以令跟进的法军心惊胆战，望而却步。之前提到过，法军负责进攻的后续部队以严重缺乏训练的民兵为主，他们实际上更擅长在北美广袤的原始森林里狩猎，而不是像现在这样排成战列线"迎接"英军下一轮的齐射。看到前面倒下的同胞，这些民兵开始惧怕英军的再次齐射。此时英军已开始上刺刀，准备

▶ 逃回魁北克的蒙卡姆

在齐射之后，冲向敌人。出于胆怯的心理，民兵们未等军官下命令就开枪了，而此时射出去的子弹对英军几乎没有任何威胁。更有甚者在填装弹药时竟然都站不稳了，不得不蹲在地上笨拙地填装，生怕一不留神就错过逃跑的机会而死于英国人的枪下。而英军自然不会放过这个扩大战果的机会，他们开始反攻了！在又一次行之有效的齐射后，战场上的胜利天平开始倒向英国人。而法军的两翼则在英军势如破竹的刺刀阵面前崩溃了，

攻守形势瞬间逆转。但此时沃尔夫准将的生命也走到了尽头。

早在英军反击之前，沃尔夫的手腕就中弹了，但他强忍住疼痛，仅用一条头巾做了简单的包扎就继续指挥战斗。紧接着，沃尔夫又中一弹，可他还能勉强站立。直到身中第三发子弹时，他才终于支撑不住，而离他最近的掷弹兵汉德森在第一时间接住了快要瘫倒的沃尔夫。沃尔夫拒绝了医生对他的抢救，因为他知道这已经没用了。沃尔夫在弥留之际听到有英军高喊："他们跑了！"这让他的意识猛地清醒了一下。"谁在逃跑？"沃尔夫问道，他睁开了眼睛，似乎刚才是在梦境中。在确认是对手四散奔逃之后，沃尔夫下达了他此生最后一条命令，让他的士兵们继续追击敌人。之后，他用微弱的声音说道："现在，上帝会赞扬我的，我也可以安息了……"又过了几分钟，这个瘦弱的将军停止了呼吸。

客观地说，沃尔夫弥留之际的表现由于太过完美而显得不真实，在战场的另一端，蒙卡姆侯爵也中弹多处，血流不止。眼前兵败如山倒的局面是他怎么也没想到的。面对气势汹汹的英军，蒙卡姆试图组织有效的防御，但他严重的伤情让他心有余而力不足。蒙卡姆的手下们此时尚算头脑冷静，趁英军追击逃兵之际，护送奄奄一息的蒙卡姆撤回魁北克城内。在医生的抢救下，他又从死神手里争回几个小时的生命。但由于失血过多，蒙卡姆带着终生的遗憾于 1759 年 9 月 14 日离开了人世。在这位被法国人依为干城的将领死后，加拿大总督沃德勒伊放弃魁北克城向蒙特利尔撤退，途中他还

不忘用书信的形式向法国的殖民地大臣和路易十五推卸丢失魁北克的责任,将失败归咎于蒙卡姆的指挥失策。

尽管沃尔夫的英年早逝令人扼腕,但对于英国来讲,魁北克战役的胜利意味着其在北美地区与法国长达百年的对抗中终于取得了决定性的胜利。这场战役也加速了英军在北美其他战线上的进展,最终征服新法兰西的时刻已指日可待。英军之所以能赢得这场战役,其原因首先是英国在七年战争中牢牢控制着海权。强大的海军不但保护着英国在北美战场的补给线,而且还为英军的每一次行动提供了最大程度的支援,同时也就截断了新法兰西试图通过圣劳伦斯河与本土保持联系的可能。从战略层面讲,英国陆军最终能攻占魁北克的事实,实际上早在海洋上就决定了。如果没有强大的舰队,英国政府就无法将数量众多的兵力在短时间内投送到魁北克城下,对法军产生强有力的震慑作用。即便沃尔夫在 1759 年失败了,那么在来年的春天,英军又会通过海路得到源源不断的补充,而他们的对手就没有这么幸运了。所以就算双方在魁北克陷入艰苦的消耗战,胜利的天平也不会向蒙卡姆他们倾斜的。

随着加拿大进入冬季,交战双方不得不先偃旗息鼓。法国妄图在欧洲发动的反

▼ 油画《沃尔夫将军之死》

▶ 英军进入蒙特利尔受降

击也因著名的魁贝伦海战失利而告终。不过随着春天的到来，法国人仍想做最后一搏。1760年春，法国陆军一度从蒙特利尔推进到了魁北克城，并在圣福瓦之役中战胜了对手，进而对魁北克城进行围攻。但是，随着圣劳伦斯河河面的解冻，法国海军提供不出任何支援，而英国皇家海军却逆流而上协助当地英军并逆转了战局。法国人彻底绝望了。进入8月，法国人的南部防线被攻克，英军终于对新法兰西最后的重要城市——蒙特利尔展开了正面攻势。1760年9月8日，加拿大总督沃德勒伊在蒙特利尔向英军投降，至此辽阔的新法兰西已经名存实亡。

　　1763年，历时整整7年的英法战争终于以法国及其盟友的全面战败而结束。根据英法两国签署的《巴黎和约》，法国将加拿大地区割让给英国；将密西西比河流域的路易斯安那地区转让给西班牙，以补偿这个由波旁王朝分支所执掌的国家在战争中被迫将佛罗里达割让给英国的损失。至此法国在北美的殖民地，只保留了加勒比海的几个小岛为法国渔船提供港口。值得一提的是，在英法签署和约之前的谈判中，法国实际上还面临着两个选择——是割让新法兰西，还是割让加勒比海盛产蔗糖的瓜德罗普。最终法国选择了前者，因为在巴黎看来法国还能够从瓜德罗普获取利润，而辽阔的新法兰西则是一个财政黑洞。无独有偶，英国政府也对面积广阔的路易斯安那地区没有兴趣，讥笑获得其主权的西班牙不过又多了一片"蛮荒"而已。

刘备家的人
蜀汉群臣小传

作者/常山日月

在中国的封建时代，统治者把民众分为士农工商四个阶层，
即读书人、农夫、手工业者和商人。

搞政治如同炒股票：三国股神糜竺

在中国的封建时代，统治者把民众分为士农工商四个阶层，即读书人、农夫、手工业者和商人。这一名词，最早出自春秋时期大政治家管仲的《管子》："士农工商四民者，国之石民（柱石）也。"话虽如此，但是在以农桑为本的古代中国，商人其实是四民中最没有地位的阶层。譬如辅佐勾践灭吴的范蠡，他功成身退后化名陶朱公，前往齐国经商，很快富甲天下。就是这位我国几千年来商业界公认的鼻祖，在当时还不得不遵从商人穿鞋必须着一黑一白的陋规，更因自己弃官经商的经历而被士人轻视，无法与其他名人（比如他的老搭档文种）在史册中相提并论。

闻名天下的范蠡尚且落个如此下场，也难怪后世商人削尖了脑袋也要弃商从政了。然而官场之凶险，并非和气生财的商道可比，倒是与今日瞬息万变的股市差相仿佛。把政治当成股票来搞的难度之高也就不消说了，这第一个吃螃蟹的"操盘手"要算被后人称为战国枭雄的吕不韦。然而，强中自有强中手，真正出手光明正大，依靠股票投资一样的本事而青史留名的奇人，在风云变幻的三国时代登场了，此人就是在《三国演义》中戏份少得可怜、几乎形同路人的糜竺。

糜竺出身东海郡朐县（今江苏连云港市），正是古代齐国人的后裔。齐国这个地方素来以出巨商闻名，糜家也是世代经商的大家族，到了糜竺这一代，东海郡被划分到了徐州。徐州是天下交通的枢纽，也是兵家必争之地。糜竺的商队，在徐州和洛阳之间往来经营，资产达到上亿规模，可谓当时的东汉首富。

作为前辈、同乡范蠡的正宗传人，糜竺一直奉行传承自范蠡的商道经典"诚信"二字。这一和吕不韦截然相反的秉性，从当时民间传说糜竺躲过两次天火的故事即可见一斑。

据东晋史学家干宝的《搜神记》记载，第一次天火降临前夕，糜竺正从洛阳做完买卖返回徐州，途中正好见到一位美妇人孤身一人坐在路边垂泪。糜竺见这位美妇人孤苦伶仃、楚楚可怜，就邀她上车同行，一路上糜竺正襟危坐，目不斜视。走了二十来里路后，美妇人请求下车，临别赠言说："糜先生，我其实是奉了天帝命令的天使，要去把你家烧光。可是一

▶ **糜竺（取自1917年修江苏武进等地《糜氏宗谱》）**

路上你古道热肠，对我以礼相待，实在是世间不可多得的君子，所以我才告诉你这个秘密作为答谢。"麋竺大惊，忙向美妇人请求说："您能否看在我的面子上免除这场大火？"美妇人道："既是天帝的命令，我自然不得违逆。你现在赶紧回家，路上千万别再耽搁。我会给你充裕的时间，夜半时分，我才放火烧尽你家。"说完美妇人的身影就消失了。麋竺赶忙回家，把所有财物都搬出，果然躲过了一场大火。

而成书于前秦时期的《拾遗记》，对第二次天火描述得更邪乎。麋竺家附近有一座古墓，里面埋有一副无名骸骨。麋竺经常在夜里听见凄厉的哭声，就出去查看。刚走到古墓边，就见一裸体妇人向他走来，哭诉道："西汉末年赤眉军造反，他们剥去我身上的衣服，害了我的命。我光着身子躺在这里已经超过二百年了，求你把我埋葬，并赐件衣服遮挡躯体。"麋竺心感怜悯，马上命人定做一套棺材、一身青布衫裙，设祭礼将那妇人的骸骨安葬。从此之后，麋竺再也没听到哭声。一年后，麋竺大白天在路上遇到了那位妇人，此刻身穿青衣的妇人谢恩道："你的家财一生一世也用不完，所以上天会降灾于你。不过你放心，我一定会报答你赐衣厚葬之德。"数日后，忽然有几个青衣童子来造访麋竺说："你家将发生特大火灾，一切都会焚烧殆尽。由于你能施恩于无主的枯骨，夫人特派我们来救火，使你的财物不至于全毁。你自己也要想办法加以防护。"麋竺拜谢了那些青衣童子后，赶紧让人在库房周围都挖了沟渠，注水防火。然而大火却从库房里着了起来，火势变得不可阻挡。就在众人束手无策之际，空中突然出现几十个青衣童子，一片云彩一般的青气笼罩在大火之上，大火就此熄灭。纵有青衣妇人相助，麋家的财产还是被烧毁了十分之一。麋竺感慨地说："看来人生财运有限，如果聚敛无度的话，财富反而会招来祸害啊。"

以上两则民间传说虽然荒诞不经，却也从侧面说明了一个事实，那就是：麋氏家财万贯连天庭都为之侧目，世人自然更加眼红。生逢三国乱世的麋竺，虽然依靠诚信积累起了巨大的财富，但也明白自己此刻就像一个毫无防备能力的小孩拿着金银珠宝走在土匪窝里，毫无安全感可言。他深知自己除了赚钱别的啥也不会，而乱世里要是只会赚钱不会搞政治，那赚的钱早晚都是别人的。

麋竺的志向不单在于保土守财而已，常人只想"苟全性命于乱世"，但心高志大之人反而乘势而起，就此"闻达于诸侯"。麋竺就是这种人，他一面购置武器马匹装备自己家中上万的健仆门客；一面救危济困，在徐州广结善缘，寻求民意上的支持。

既有兵又有钱还有民望，这样的家族在任何地方都举足轻重，所以当时的一线大蓝筹——徐州刺史陶谦一心想拉麋家入股，他亲自征召麋竺担任徐州别驾从事（相当于今省委秘书长）。作为一家之主，糜竺必须对这笔投资做出决断。

和《三国演义》里那位忠厚慈祥的长者形象不太一样，陶谦性格虽然说得上正直，却有行事粗暴、宠信小人的致命缺点。他还是中国历史上第一代佞佛之人，把民脂民膏都浪费在建造佛寺之上。他的部下良莠不齐，内部危机重重，所以侥幸躲过汉末战乱的徐州在其治理下日渐衰落。糜竺对此都看在眼里，他认为这只股票外强中干。对于陶谦要求他加大资金投入的要求，糜竺基本上就是虚与委蛇。

汉献帝初平四年（193年），陶谦尝到了自己治下不严的苦果：部下张闿因为贪财劫杀了由自己护送的前太尉曹嵩全家。早就对富裕的徐州垂涎三尺的曹操，终于得到了最好的出兵借口。《后汉书·刘虞公孙瓒陶谦列传》记载："凡杀男女数十万人，鸡犬无余，泗水为之不流。初三辅遭李傕乱，百姓流移依谦者皆歼。"徐州一蹶不振之际，糜竺却迎来了值得托付自己巨额财富的大靠山。

奉青州刺史之命前来救援徐州的刘备当时还默默无闻，兵力总共才两千人出头，班底也只有关羽、张飞、赵云、简雍寥寥数人，股本可说是小得出奇。糜竺却慧眼识英雄，对双耳垂肩、双手垂膝的"怪人"刘备"一见倾心"。在糜竺的大力举荐下，陶谦接受了刘备的跳槽，表刘备为豫州刺史，并给予兵力，使其驻屯徐州要地小沛（今江苏沛县）。

兴平元年（194年），由于吕布在兖州发动叛乱，曹操暂时放下屠刀退走。心力交瘁的陶谦也一病不起，临死前他拉着糜竺的手说："非刘备不能安此州也。"在糜竺的带头拥戴下，徐州上到文武官员，下到平民百姓，全部倒向了刘备。也就是说，当时还没有自己的根据地、规模不过一只创业板小盘股票的刘备集团，在糜竺的投资帮助下，一举重组吞并了大蓝筹徐州。

无奈天不遂人愿，刘备集团股本太小的劣势很快显现出来：刘备不得不为消化徐州而招降纳叛，接纳各方势力以求巩固基业，其中就包括刚刚被曹操击败的三姓家奴吕布。恶果就爆发在建安元年（196年），刘备还没有把徐州刺史的宝座暖热，就被鸠占鹊巢。丧家之犬吕布成功地借"壳"还魂，刘备却拱手让出徐州这一宝贵的"壳资源"，连自己的老婆孩子都成了对方的阶下囚。屋漏偏遭连夜雨，刘备在率部撤至广陵郡（今江苏扬州市）时，又遭袁术趁火打劫，兵败逃到海西县（今江苏东海县），连从徐州带出的军粮财帛都散失殆尽。在饥饿的驱使下，"吏士大小自相啖食"，全军上下已经濒临崩溃的边缘。本来打算土鸡变凤凰的刘备集团，宣布重组徐州失败后，马上遭遇了连续不断的跌停板。

普通股东经此巨变，第一个念头肯定是止损出逃。事实上，九品中正制的发明人、后来大大有名的陈群，就是在此刻离开刘备集团投降了吕布的。世态炎凉，众人都喜锦上添花，也是人之常情。在集团董事长刘备一筹莫展、陷入绝境之际，远在东海的麋竺却雪中送炭来了。他带着全族老少爷们儿长途跋涉来到海西，带着谦和的笑容来拜见刘备："明公，您想要军队吗？我有二千名健壮的奴仆门客，个个忠诚可靠。您想要后勤补给吗？我已尽数变卖家财，此行共带来黄金亿斤，骏马千匹。您想念妻子吗？舍妹年已及笄，虽然只是蒲柳之姿，但希望可以侍奉使君。请明公笑纳。"

　　面对把全部家当都砸在自己身上的麋竺，刘备即使不被感动得泪流满面，起码也得热泪盈眶。在刘备心中，义薄云天的麋竺不但是自己的大舅子，更是自己的救命恩人，刘备从此和麋竺彻底结成了命运共同体。老班底关羽、张飞此刻只是六品的中郎将，麋竺却被刘备上表封为五品的偏将军，可见刘备对麋竺的感激之情。

　　本已山穷水尽的刘备，就此东山再起。有了钱有了粮就是不一样，振作起来的刘备首先拿在徐州、扬州一带靠抢掠打劫为生的小军阀杨奉开刀，砍下了杨奉的脑袋，出了一口被吕布背叛的恶气。然后刘备以空间换时间，低声下气向吕布求和。吕布本来也没什么战略远见，就是个见利忘义的流寇，看到刘备拿着麋竺赞助的金银前来贿赂，还十分诚恳地表态要当自己小弟，大喜之下就重新把小沛和妻子还给了刘备。

　　麋竺的投资眼见就要有回报了，可惜刘备到底是时运不济，反复无常的吕布很快变卦，出兵赶走了刘备。刘备无家可归，只好在曹操的招抚下投奔许昌。这时的刘备集团经营不善，已经被扣上了ST①的帽子，要依靠其他财阀的注资才能生存，可以说麋竺的大手笔投资至此已经打了水漂。换了一般人可能都放弃刘备这只垃圾股了，麋竺却眼光独到，他坚信自己的选股眼光，刘备绝对是一支后劲极强的潜力股。既然已经选择了刘备集团，就一定要长线投资，咬定青山不放松。

　　曹操也深知麋竺在徐州深孚众望，在平定吕布后特地从泰山郡中分出五个县来，新建了一个嬴郡，任命麋竺当太守，还任命其弟麋芳为彭城相。可惜曹操的热脸贴到了冷屁股上，面对曹操这个"奉天子以令不臣"的超强绩优股，麋竺根本不上心。他知道自己并无过人的才干，又非曹操的亲近故旧，很难在人才济济的曹操集团中更上一层楼；而曹操集团的股价正运行于历史高位，此刻入股，自己很可能成为内部斗争的牺牲品，被高位套牢的系数倒是相当大。因此麋竺拉着弟弟拒绝了曹操的拉拢，依

___

① 在股票领域指上市公司连续两个财年亏损而被特别对待的股票。

然痴心不悔地持有刘备集团的股份。

建安五年（200 年），刘备接受衣带诏反叛曹操，重新袭取了徐州。之后发生的事大家都很清楚，曹操亲自出征，刘备败得比上次输给吕布还惨，不但丢了老婆孩子，连头号大将关羽都当了俘虏，自己和几个心腹仓皇投奔袁绍。此刻的刘备集团霉运当头，正是 ST 前加星，不只是连年亏损的问题了，而是随时有关门退市的危险！

这血本无归的悲剧要是搁别人身上，没准都要跳楼了。可麋竺却不在乎，他挂印丢官、抛妻弃子跟着刘备，从徐州跑到青州，从青州跑到冀州，从冀州跑到豫州，最后又从豫州跑到荆州，俨然上演了一出三国时代的万里长征。这可不是公费旅游，而是亡命天涯，有武力的练家子可能都坚持不下来，麋竺作为一个平时锦衣玉食的富翁，虽然一路上颠沛流离，但还是咬紧牙关挺了下来，到底没在长征路上掉了链子。

最后，经过长达十余年的奋斗，此前一直面临退市危机的刘备集团终于在赤壁之战后咸鱼翻身。建安十五年（210 年），孙权将荆州借给刘备的消息传开后，连曹操都吓得把笔扔在地上，连声哀叹刘备终于蛟龙入海不复能制了。连龙头股董事长曹操都这样说，后市可想而知：刘备集团就此蒸蒸日上，连续地无量涨停，不但摘掉了长年以来 ST 亏损的帽子，更是一跃成为两市三大龙头股之一。

刘备是个知恩图报的人，对患难中出手相助，而后又一直不离不弃的麋竺，他是打心眼里信任。虽然麋竺只会做生意，无论统军还是治民都一窍不通，刘备却在自己被汉献帝拜为左将军之时，就把麋竺任命为从事中郎（相当于今军区司令手下的第一参谋长）；在他入蜀占据益州后，立即发明了一个安汉将军的荣誉职位来安置麋竺，使之在部下文武官员中稳坐第一把交椅。连当时的军师将军诸葛亮，在参加会议或者宴席时，位置都在麋竺之下。其弟弟麋芳也被任命为荆州地区最重要的南郡太守，作为关羽的副手镇守江陵。

虽然因为个人能力问题，麋竺在蜀汉没什么实权，但刘备把他当成家人一样，平时"赏赐优容，无与为比"，麋竺当年对刘备集团的长线投资得到了百倍的回报。令人扼腕的是，麋竺有一个不成器的弟弟。就在关羽水淹七军、蜀汉国势发展到顶峰的时刻，吕蒙白衣渡江。麋芳因自己和关羽之间的私怨，不顾国家大义，不顾将士的反对打开江陵城门降吴。之后关羽败死麦城乃至蜀汉夷陵大败，刘备集团从无量涨停到放量跌停，麋芳实为祸首。

这时就能看出麋竺的选股眼光来了：要落在以刻薄出名的曹丕手里，他会像对付于禁一样，虽然不伤害麋竺的肉体，但却以打击麋竺的精神为乐，活生生地把人郁闷

死；要换了凶暴好猜的孙权，糜竺个人被杀是小事，全族被株连都大有可能。所幸，糜竺选择的是以宽宏大度、顾念旧情出名的刘备。面对前来朝堂"面缚请罪"的糜竺，刘备亲手为其松绑，当着百官的面告诉他："兄弟罪不相及。"此后仍然对糜竺待以上宾之礼。

结果糜竺自己内心过意不去，很快惭愤成疾，郁郁而终。至于他那个寡廉鲜耻的弟弟糜芳，就连吴国人都瞧不起他，像虞翻这样刚直的人还常常当面对其加以辱骂，糜芳倒始终厚颜无耻地苟活于世。一母同胞的两兄弟，做人的差距怎么就这么大呢？从这里也能看出糜竺为人的诚信来。

糜竺死后，刘备及其继承人刘禅对糜家人依旧照顾有加。糜竺的儿子糜照担任虎贲中郎将、孙子糜威担任虎骑监，父子两代在蜀汉禁军供职，深受皇帝信任，一时传为美谈。俗话说"三代以下出贵族"，还有人说"富不过三代"，然而在那个重农轻商的时代，糜氏家族仅历一代，就完成了自家从"商"到"士"的完美转型。能够完成这"不可能完成的任务"，创业之主糜竺对蜀汉朝廷数十年如一日的入股投资，是关键所在。

身在曹营心在汉："贰臣"黄权

徐庶进曹营——一言不发，这句歇后语在中国可谓老少皆知。此歇后语的典故大家耳熟能详，出自《三国演义》第三十七回，徐庶因老母自杀而终生不为曹魏出谋划策的情节。不过在史实中，徐母并未自杀，徐庶在曹魏更是一步步升任了御史中丞（相当于今中纪委书记）。那位身在曹营心在汉的"原装正版"，其实是在演义中听闻刘璋要亲自去迎接刘备时，跑出来咬住刘璋的衣服苦苦劝谏，结果被扯掉了两颗门牙，以一个忠诚谋士形象登场，后来因叛蜀降魏被崇尚正统的罗贯中以："降吴不可却降曹，忠义安能事两朝？"痛斥，最后惨淡谢幕的黄权。

黄权字公衡，名和字都有平衡之意，可他本人却一点也不擅长搞平衡。他年轻时发奋读书，当官后却发奋得罪人。作为出身大郡巴西（今四川阆中）的士族子弟，黄权一出道就当了巴西郡吏（相当于今市直属机关干部），很快就被刘璋召为益州主簿（相当于今省委书记第一秘书）。这个职位表面看没有实权，实际上一人之下万人之上，非领导的"体己人"不能担当，可见刘璋是把黄权当作心腹来培养的。

很多人认为，干秘书的都以揣摩领导心思、巴结逢迎为己任，可是黄权为人耿直，偏偏不愿夹着尾巴做人。因为刘璋"暗弱"，在益州面临曹操、张鲁窥视侵犯的巨大威胁时，以张松、法正为首的一派势力积极酝酿迎接刘备入蜀，借此推翻刘璋的统治。作为刘璋姻亲的吴壹、费观等人明知张松、法正别有用心，却谁也不挑头劝谏，黄权倒是迎面泼了刘璋一盆冷水："刘备以骁勇闻名于世，现在您却把他请到益州。如果把他当作下属来对待，他肯定不满；如果把他当成贵宾来接待，那么一国不容二主。如果客人安如泰山，主人就会危如累卵。不如关闭边界谢绝他，等待时局安定再作打算。"

此番直言足见黄权的先见之明，可惜刘璋无法理解这种深谋远虑。他大为光火，认为被自己视为心腹的黄权在大庭广众下削领导面子，立马把黄权打发到广汉县当县长去了。说老实话，进忠言反而被连降数级，换了别人心里大概就有想法了，但黄权就没有二心，依然兢兢业业地为刘璋打工。

形势发展不出黄权所料：刘备入蜀后很快反戈一击，同刘璋展开了益州争夺战，刘璋连战连败，刘备兵锋直指成都。即便是这样的危难时期，刘璋也没有想起黄权这位忠心的臣子，更谈不上召回黄权为自己出谋划策。而面对刘备大军压境，连吴壹、费观都率军倒戈、各处郡县望风归附之际，黄权仍然坚守广汉不降，直到刘璋开成都投降，刘备保全了刘璋一家后，他才撤除守备前去拜见刘备。为《三

▶ **法正（取自清光绪庚寅冬月广百宋斋校印《图像三国志》）**

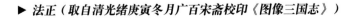

▶ 黄忠（取自清光绪庚寅冬月广百宋斋校印《图像三国志》）

国志》作注的裴松之对此称赞说："权既忠谏于主，又闭城拒守，得事君之礼。"可谓十分恰当。

之前黄权劝刘璋拒绝刘备入蜀的话尽人皆知，之后黄权又为刘璋战斗到最后一刻，连续得罪刘备，亏了皇叔是个爱才如命又豁达大度的英雄，对黄权的"反动行为"毫不介意，反而十分欣赏。在交谈之后，刘备发现黄权还具有相当高的军事才能，大喜之下直接把这位黄县长提拔为偏将军（五品常设将军）。刘备自己是左将军（三品常设将军），他起家时的老班底关羽此刻也不过是荡寇将军（五品杂号将军）。何况刘备入蜀掌权后，刻意对益州本土势力进行压制，与黄权同受重用的益州本地官员只有另一出身建宁土豪的李恢而已，可见刘备对黄权的信任。对于刘璋这个前主公，黄权绝对是尽到了做臣子的职责。眼见刘备如此赏识自己，黄权自然是感激涕零，把对刘璋的一腔忠心全部转移到了刘备身上。刘备确实有知人之明，他对黄权的重用很快将得到回报。

建安二十年（215年）春，曹操发动了汉中战役，盘踞汉中的小军阀张鲁大败，弃城逃入巴中山区一带，曹操的强大压力扑面而来，汉中下辖三巴地区（巴西、巴东、巴郡）纷纷遣使投降。作为三巴土著出身的黄权，清楚地意识到汉中对三巴乃至蜀中的战略重要性，他马上向刘备上书建议："若失汉中，则三巴不振，此为割蜀之股臂也。"言下之意就是唇亡齿寒，我们不能袖手旁观。刘备也了解了救援张鲁的重要性，封黄权为护军（相当于前敌总指挥），带着一支军队去接应张鲁。然而张鲁在逃离汉中时就已经存了投降的心思，曹操刚派人招安，他就高高兴兴地跑回南郑向魏军报到去了。

事情演变成这样，本来已经没黄权什么事儿了，他的任务只是迎接张鲁，如今张鲁降魏，他大可以不过不失，带领全军安然返回蜀中。但黄权不甘心就这么算了，他当机立断，自行出击将曹操所任命的巴东太守朴胡、巴西太守杜濩、巴郡太守任约全部赶走，夺取了对嘉陵江、渠江上游地区的控制权，为蜀汉夺得进取汉中的桥头堡。

建安二十四年（219年），三国时代著名的汉中争夺战爆发，并最终以蜀军斩杀夏侯渊，曹操放弃汉中退走，刘备大获全胜告终。当事人都认为这是法正、黄忠的功劳，然而此战的胜利基础，却是由黄权亲手浇铸的。在四年前他违抗君令收复三巴地区后，其汉中攻略计划就在刘备心中扎下了根，四年来蜀汉不断对汉中用兵，如今终于开花结果。在丢失荆州后，汉中更是成为蜀汉北伐中原乃至抗拒曹魏入侵的重要基地，黄权为蜀汉政权的建立和巩固所发挥的作用可见一斑。

不久，刘备自立为汉中王，黄权被提升为益州治中从事（相当于今省办公厅主任），这当然是刘备对黄权在汉中之战中优秀表现的认可。黄初二年（221年）刘备称帝，下诏倾举国之兵讨伐东吴。虽然这个决定已经被后世一致判定为大错特错，但在当时，就连诸葛亮也三缄其口，偌大的蜀汉政权，一众文武百官都对这个刘备盛怒下做出的错误决定噤若寒蝉。又是黄权，和以前劝谏刘璋时如出一辙，第一个跳出来唱反调："吴军勇猛善战，加上我们水军顺长江东下，前进时容易，后退可就难了。您的身份太重要了，不要老是亲自担任大军的前锋，万一受挫，对士气影响太大。要不干脆让我当前锋，您坐镇后方，如果遇到挫折还不至于坏了全局。"

黄权不仅对刘备的东征决定进行了含蓄的反对，还在后续战术上提出了正确的意见。可惜刘备此时已经是铁了心要进攻东吴报仇，对黄权的意见充耳不闻。然而刘备不像刘璋，虽然心里不痛快，但并不处罚扫自己兴的黄权，还拉着他同行，任命黄权为镇北将军，都督江北军队防备曹丕从宛城偷袭。这说明刘备对黄权的将才还是非常放心的，所以委以保护蜀军侧翼的重任，这也从侧面反映出黄权在刘备心中的分量。

爆发于黄初三年（222年）的夷陵之战以蜀军惨败，刘备仓皇逃回白帝城告终。从荆州回益州的路全让吴人给截断了，黄权及其所部被隔绝在江北。试着分析一下黄权当时的心理："突围？关羽这天下第一勇将都没成功，我一半路出家的文人能行吗？自杀？那手下这万把人怎么办？投降孙权？人为刀俎，我为鱼肉，何况对方还是仇敌啊！干脆，投降曹丕得了，反正当时魏军还没和蜀军交手，这也算起义，待遇肯定比投降东吴好。"于是黄权举军投降曹魏。消息传到蜀汉，有司官员就向刘备报告："按照法律，应该把黄权的妻子、儿女都给抓起来。"刘备却比这些人更理解黄权，他长叹道："**孤负黄权，权不负孤也。**"当初要是听黄权的话绝对不会败得那么惨，他降魏也是没法子啊。刘备对此网开一面，不予追究，还是继续照顾黄权一家。

裴松之读史至此非常感动，"**臣松之以为汉武用虚罔之言，灭李陵之家，刘主拒宪司所执，宥黄权之室，二主得失县邈远矣**"。把这事和李陵全家族诛相比，裴松之认为刘备在为人厚道上确实比汉武帝强多了。四十年后，黄权留在蜀地的儿子黄崇在蜀汉灭亡前夕，抱着必死之心与魏军拼杀，与诸葛瞻一起阵亡在绵竹，算是报答了刘备的恩情，这是后话。黄崇在关键时刻的表现，无疑与其父黄权的言传身教大有干系。

至于曹魏这边，对于黄权的投降，曹丕是高兴得不得了。这位魏文帝亲自在承光

◀ 诸葛瞻（取自清光绪庚寅冬月广百宋斋校印《图像三国志》）

殿设宴款待归降蜀将，初见黄权时劈头就问："你舍弃叛逆，归附我国，是想仿效当年陈平、韩信舍弃暴虐的项羽，投奔汉高祖那样的义举吧？"这话明显是给对方一个台阶下，黄权本可以借坡下驴，顺着曹丕的心思说上一段慷慨激昂的话来表忠心，不但能博得曹丕的欢心，更能凭此换取高官厚禄。不料黄权内心沉痛，硬邦邦地答道："我以前受到刘主的厚待和信任，现在兵败，既不能降吴，又因道路不通而无法回蜀，只能归顺陛下。何况败军之将，能保住一条性命已是万幸，哪里还敢奢谈效法古人呢？"潜台词就是：我投降完全是被迫的；细细思量，还有些暗示曹丕不如刘备的意思。虽然是由衷之言，但实在是不合时宜，当场搞得曹丕下不来台。好在曹丕虽对待家人兄弟十分刻薄，却也是个爱才之人，加上此刻正是曹魏对兵败后人心惶惶的蜀国官员进行统战之际，非但没有怪罪黄权，还马上拜其为侍中（相当于今国务委员）、镇南将军（二品），封育阳侯，另赏了一大堆金银绸缎和房屋，甚至还有大活人。你不是回不了家吗？没关系，老婆小妾朕也赏给你了。其余蜀将"四十二人皆为列侯，为将军郎将百余人"。

曹丕摆明了要重用他图谋蜀地，黄权却"拎不清"，从来不掩饰自己对刘备的感情。当时正好有几个投降的蜀人胡扯，说黄权一家都让刘备给杀了，曹丕马上派人通知黄权，心里估计乐坏了："黄权，你不是说你那个刘主很好吗，现在全家都让人给杀了，看你怎么办！"可是黄权老是不为此发丧，曹丕急了，就下诏让黄权发丧，重点当然是借此在魏国渲染一下刘备及其治下蜀国的暴虐，打一场宣传战。黄权依旧不晓事，公然上书道："我和刘备、诸葛亮推诚相待，他们知道我有不得已之处，是不会杀我家人的，请陛下再详细审问一下。"曹丕没辙了，下令对那几个降人严刑拷打，结果对方就把实话给招出来了，黄权果然没有说错，弄得曹丕尴尬不已。

黄初四年（223年）刘备去世，消息传到曹魏，满朝文武都向曹丕道贺，庆祝去一大患，唯独黄权一言不发。他平时就喜怒不形于色，如今板着个脸竖在一群兴高采烈的魏臣中间，异常扎眼。曹丕是个喜欢开玩笑的人，想就此测测黄权的器量，看看这人失态后是什么样子。于是在下朝后派人叫黄权入宫觐见。黄权还在路上呢，来催他进宫的使者就一个接着一个，快马加鞭而来，大有杀头问罪之势，黄权的下属侍者

► 魏文帝曹丕像（阎立本绘）

都吓得肝胆欲裂，以为大难临头了，事主黄权本人却依旧"颜色自若"。

之后曹丕试探性地任黄权为领益州刺史，黄权仍然一点表示没有，根本不为曹魏攻打蜀地出谋划策，真真正正一副身在曹营心在汉的架势。曹丕自讨没趣，对黄权也不再强求，为了对蜀国官员进行统战，在面子上一直很尊崇黄权。魏明帝曹睿即位后，在曹营一言不发的黄权居然坐上了车骑将军（一品，仅次于大将军、骠骑将军）、仪同三司（相当于今副总理级待遇）的高位。司马懿曾私下问道："蜀中像您这样的人才有几人？"言下就存着拉拢之意，黄权却笑着打太极道："呵呵，明公你也太看得起在下了。"纵使司马懿绝代奸雄，对黄权不以物喜不以己悲、一心为公的人格也是非常佩服的，在给死敌诸葛亮写信时还不忘称赞道："*黄公衡，快士也，每坐起叹述足下，不去口实。*"意即黄权真是个豪快之士，每每在我司马懿面前称赞你诸葛亮的好处，从来不担心落下话柄。

景初四年（240年），黄权在魏国去世，魏明帝赐谥号为"景侯"。

黄权在蜀汉时得到刘备重用，本想建功立业，谁知还没来得及施展自己的才能就走投无路，只能委身于曹魏。到了曹魏之后黄权反而得志，不仅官运亨通，更是坐上了曹魏军方第三把交椅。可他根本就没带过魏兵，在曹营不出一谋，不划一策，分明是怀念刘备的知遇之恩。刘备在世时也十分思念黄权，他在永安官养病时偶然接见了汉昌县县长狐笃（就是后来的蜀汉名将马忠），这狐笃正好是黄权的老乡，同样是巴西阆中人，同样是喜怒不形于色。刘备越看越觉得两人相像，就对尚书令刘巴说："唉，他还真像公衡呢。我虽然失去了黄权，却得到了狐笃，可见这世上并不缺少贤才，只是人们不留心罢了。"

对于黄权这样一个"贰臣"，历代史家对他的评价却多数是抱着褒扬的态度，黄

权所背叛的蜀汉本国人对他的评价就相当高。蜀汉大臣杨戏在《季汉辅臣赞》中称赞黄权：“镇北敏思，筹画有方，导师禳秭，遂事成章。偏任东隅，末命不祥，哀悲本志，放流殊疆。”杨戏在对黄权的能力表示赞赏之余，也对他的无奈之举表示同情。

《三国志》作者陈寿则直接把死在曹魏的黄权列入蜀志，把他当作蜀臣对待，评价其“弘雅思量”，意思是黄权博学高雅，有过人的见识度量。对此，当代史学大家田余庆先生在大作《秦汉魏晋史探微》中指出：“黄权不同于孟达，不是恃才好术者流，降魏后仍是不苟且，无反覆，始终不易其性，得事君之体。这是古代众多史家褒奖他的原因。”

黄权一生身仕三朝（刘璋、刘备、曹魏），不断得罪主公却能青云直上，不改耿直本色反而风生水起，在各方势力中都混得不赖。如此奇人“快士”，罗贯中先生却对他着墨不多，甚至为了小说创作的需要，将其和刘备间的君臣知心之义、与诸葛亮的肝胆相照之情复制粘贴到了徐庶头上，以致后人对黄权多有微词，怎能不令人为之掩卷叹息呢？

杀熟也是一门学问：李恢

罗贯中先生一部《三国演义》，洋洋洒洒近百万字，也写不尽三国英雄豪杰，很多有影响的历史人物在演义中都是打了个酱油就匆匆谢幕退场。倒是有位惊鸿一瞥的李恢，还算露了两面（一次是刘璋要亲自去迎接刘备，李恢是为数不多的反对者之一；还有一次是李恢主动投降刘备，并凭借三寸不烂之舌说降了马超），且每次都有一大段台词，算是一个比较抢戏的龙套。李恢在演义中给人的印象，大概就是此人脑子灵活不愚忠，是个擅长言辞的辩士。无独有偶，电脑游戏里李恢也被设定成一个智力奇高、擅长舌战的书生。然而在史实中，李恢是一个军政通才，嘴皮子功夫小道而已，他最大的本事是杀熟。

“杀熟”是一个商业专用术语，意为“宰杀熟人”，属于“宰客”的一种。这损招不但适用于商道，同样适用于官场。比如唐朝大诗人宋之问，就是专门杀熟踩着老朋友的头颅往上爬的小人，卑鄙行径被人唾骂至今。可李恢的遭遇就和宋之问天差地远了，其一而再，再而三的杀熟行为还被后人称赞不已，这就真是一门学问了。

　　李恢家是益州建宁汉族土豪，建宁汉蛮杂居，李家世代和蛮族首领爨家联姻，因此不被来自中原的汉官重视，挤不进益州权力中心，只能缩在本地称霸。刚出道的时候，李恢在老家当建宁郡督邮（相当于今市纪委书记），姑父爨习出事，李恢本该连坐免官，刘璋所派的太守董和考虑到这两家在建宁势力太大，把事情压下不予处理，还把李恢派到成都进修。他在途中正好赶上刘备跟刘璋翻脸，在葭萌关打起来了。当时益州本地人都不看好外来户刘备，其实后来阵前投降的刘璋军将领都是外地士人。而李恢政治洞察力奇高，是个有胆有识的年轻人，他决心投奔刘备，就此在益州出人头地。他可不是死要面子的书生，当下就假称是建宁郡派来的代表，马不停蹄地赶到绵竹，向刘备表示整个建宁郡将唯皇叔马首是瞻。此事是背着恩人董和搞的，在益州这场未知孰胜孰败的生死较量中，刘备要是输了，董和可就背了大黑锅。这是李恢第一次杀熟。

　　事实上刘备已经看出来他是冒充的了：首先李恢没带任何来自董和本人的文件印章；再说刘备军刚占了涪城而已，离成都还老远呢，千里之外的董和知不知道自己跟刘璋翻脸还两说呢。刘备先是不动声色，口头表扬一番，啥奖励也没有。等到将刘璋主力消灭在雒城，成都已是咫尺之遥时，刘备却给了李恢一个风险极高的任务：潜入汉中，说降寄身于小军阀张鲁篱下，人称叛父忘亲的凉州悍将马超。这也证明刘备看透了李恢：若真相信他是建宁代表，要么带在身边对益州官员进行统战，要么派回建宁进行安抚，怎么可能让他去执行九死一生的间谍任务呢？

　　要是胆小的，没准路上就溜了，可李恢连刘备都敢骗，自然是胆大包天。有句话说得好：风险与机遇并存。李家冲出建宁的凤愿能否实现可是在此一举。虽然马超恶名远扬，可刘备已经兵临成都，益州已是其囊中之物，胸无大志的张鲁不过是下一个目标而已。李恢自然有把握说服在汉中过得十分憋屈的马超跳槽。

　　虽然史书未载，但罗贯中说李恢和马超是旧交，恐怕不是杜撰。从李恢的见识气度来看，绝对是个走南闯北经历过大阵仗的人，不是足不出建宁的土包子，很可能真在游历凉州时结识了马超。原因在于马超见了李恢之后一拍即合，几乎是孤家寡人大逃亡，只和堂弟马岱一起南下投奔了刘备。别说心腹大将庞德不知道，连妻儿老小都来不及通知，导致唯一的儿子马秋被张鲁所杀。经历杨阜背叛事件后，马超再不轻信他人，要说他不认识李恢还真没人相信。但是之后马超四十七岁英年早逝且绝后，可以说也有李恢的"功劳"。说句玩笑话，这算是李恢第二次杀熟了。

投降刘备的马超来到成都城下，刘璋斗志崩溃，不顾城中兵粮尚可支持一年的事实开城投降，省了刘备不少麻烦。李恢通过了考验，刘备也对其能力十分满意，没有追究他撒谎忽悠之罪。刘备自己兼任益州牧之后，马上任命李恢为功曹书佐主簿（相当于今省人事厅厅长）。

刘备入蜀，重用的是他起家时的老班底如张飞、赵云，以及荆楚士人如诸葛亮、马良，原刘璋僚属被留用的主要是流寓益州的外地人如李严、法正等人。刘备时代益州本地出身而获重用的仅有黄权、李恢二人，相比大郡巴西士族黄权在刘璋时就担任益州主簿的身份，边荒小郡建宁土豪出身的李恢可谓一步登天，足见刘备对他的信任。要知道刘备和曹操不同，虽然同样求才若渴，刘备对人才注重德胜于才。老上级董和后来在蜀汉与诸葛亮平起平坐，以正直严肃著称，也不介意李恢当年的杀熟行为，依旧与之交往，可见李恢并非宋之问那样道德低下的小人。不久有人诬告李恢谋反，并且已经把李恢抓起来了，上报时刘备根本不信，当场下令释放李恢并将其升官为别驾（相当于今省委秘书长）。

等到刘备称帝，正好赶上管理南中地区军政事务的庲降都督邓方去世，刘备想让熟悉南中民情的李恢接这个位子，却又卖关子故意问他谁合适。封建社会知识分子讲究谦虚冲退，面子上怎么也得谦让一番，可李恢不做作，他毛遂自荐道：“人之才能，各有长短，故孔子曰：‘其使人也器之。’且夫明主在上，则臣下尽情，是以先零之役，赵充国曰‘莫若老臣’。臣窃不自量，惟陛下察之。”这段话引经据典，说得十分自信得体。被李恢暗喻为明君汉宣帝的刘备听后龙颜大悦，这人果然还跟当年一样有冲劲啊！行，压得住那些不安分的蛮族。于是刘备就发布命令，让李恢当了都督，还授予其“使持节”，拥有代表皇帝当场斩杀郡守以下官员的特权，同时领交州刺史。交州当时在东吴控制之下，因为当时蜀汉和东吴的关系已经破裂，形同敌国，所以东吴任命刘璋为益州刺史，窥视蜀汉领土，刘备便任命李恢担任交州刺史来针锋相对。至此，李恢已成为蜀汉独当一面的大员了。

既要镇住那些蛮族，又要防备东吴，李恢这副担子着实不轻。蜀汉刚刚建立，内忧外患，百废待兴。南中五郡占据了蜀汉的半壁江山，是十分重要的大后方。这里政局不稳定，蜀汉就难以面对

◄ 马超（取自清光绪庚寅冬月广百宋斋校印《图像三国志》）

虎视眈眈的曹魏和东吴。南中地形险恶，民族成分复杂，治理难度很大。由于刘备夺得益州之后就不断向曹魏用兵，根本没有心思来理清南中这团乱麻，实际上掌握五郡大权的是当地的蛮族首领和汉族土豪，这些人大多数是心怀鬼胎的墙头草。李恢敢接这个烫手山芋，是真心实意想为蜀汉办实事，以报答刘备的知遇之恩。虽然有心整顿，但他手下兵力有限，而且此刻刘备的主要目标是进攻东吴报仇，李恢能做的只是尽力维稳而已。

和平的日子转瞬即逝。刘备夷陵大败后病逝白帝城，蜀汉风雨飘摇。早就和东吴暗中勾结的建宁蛮族首领雍闿立即向东吴称臣造反，攻陷了建宁、朱提二郡，其他两个蛮族郡守越巂高定、牂柯朱褒也相继反叛。东吴趁机任命雍闿为永昌太守，实际上就是怂恿他进攻唯一忠于蜀汉的永昌郡汉族太守吕凯。而失去了大部分精锐部队、大量军用物资和开国皇帝的蜀汉暂时无力顾及此处，以至于叛乱之势席卷南中，这就是三国时代著名的蜀汉南中之叛。

"疾风知劲草，板荡识诚臣。"在极端恶劣的环境下，李恢既没有惊慌失措地逃往安全的内地，更没有与叛军同流合污，而是坚守自己的驻地——距离成都千里之远的平夷县不退，成为忠于蜀汉的南中人民心里的一盏明灯。

这种惊心动魄的生活整整持续了两年之久。这两年中，李恢不但要统领少量军队对抗叛军，还要时刻防备着自己不会像建宁太守正昂那样被部下杀害。后主建兴三年（225年）三月，整合了内部矛盾的蜀汉终于出手，丞相诸葛亮亲自率领大军进攻西方越巂叛军，命令东路军大将马忠进攻牂柯叛军，李恢率中路军进攻叛军老巢建宁。

雍闿是南中叛军中势力最大的一个，李恢所部兵力却是蜀汉三路平叛大军中最弱的一股。诸葛亮这次的军事部署有些出人预料，也许诸葛亮认为李恢是建宁人可以招安老乡吧。结果孤军深入的李恢在昆明被数倍于己的叛军团团包围。敌众我寡，没法得到友军胜败的消息，也不知道诸葛亮所率主力的位置，中路军顿时人心惶惶，情势只能比李恢固守平夷县时更危急。

李恢有个特点，越是危急时刻头脑越清醒，还越能忽悠。眼见叛军都是他的建宁老乡，于是又祭出了杀熟这一撒手锏："蜀军的粮食快吃完了，已准备班师回朝。我背井离乡十多年，现在总算回家了，不打算再跟那帮北方人混了，诚心跟你们共图大事，大家乡里乡亲，商量一下如何？"李恢的苦情戏表演得十足，叛军不相信这个小老乡也难，进攻警备很快松懈下来。李恢马上纵兵出击，把叛军打得大败，不单收复建宁，还千里追杀，一直追到滇东南的盘江边，和诸葛亮、马忠的部队胜利会师，一时间威名大振。借此战功，李恢成为蜀汉南征战役的第一功臣，进封汉兴亭侯，加安汉将军。李恢在正史记载里一共撒了两次弥天大谎，第一次从一介土豪一跃进入蜀汉统治阶层中心，第二次直接封侯，看来这人的忽悠功力也是一流。

平叛后，诸葛亮把南中重新划分为七郡，将治理重任全权交给李恢，于是年冬回师成都。由于南征时间短暂，并没有仔细搜剿所有的反叛势力，所以蜀汉大军撤走后，小型叛乱又接二连三地在南中爆发，可惜今时不同往日，兵力充足的李恢使出胡萝卜加大棒的政策：一方面以铁腕手段镇压叛乱，亲自带兵进攻杀掉顽固分子，将降服部落有影响力的首领迁往成都；一方面对各族人民施以恩信，引进汉族先进技术发展生产，从南中征收了大量的耕牛战马、犀角皮革和金银税赋，大大充实了蜀汉北伐曹魏的物质基础。

建兴五年（227 年），诸葛亮上《出师表》说："今南方已定，兵甲已足，当奖率三军，北定中原。"这后方稳定的局面与李恢在南中的苦心经营是分不开的。诸葛亮时代，备受刘备压制的益州本土势力方才崛起，这个益州集团的老大就是当年寂寂无闻的建宁土豪李恢。南中大治后，李恢被诸葛亮调到汉中，谋划北伐事宜。建兴九年（231 年），壮志未酬的李恢病逝于汉中。

纵观李恢一生，其功业全仰"杀熟"而来。中国人都有乡土观念，俗话说老乡见老乡，两眼泪汪汪。李恢可好，老乡老乡，背后一枪。他一出道就把老上级放火上烤，成名后骗老家的同乡，刮老家的地皮，可说是六亲不认的杀熟专家。然而他的后辈老乡陈寿（《三国志》作者，益州巴西人）对李恢的评价极高："公亮志业"。"公"即识大体，"亮"即明事理，"志业"就是有事业心并且做出了成绩。另一老乡杨戏（蜀汉大臣，益州犍为人）干脆在《季汉辅臣赞》中盛赞李德昂（李恢的表字）杀熟杀得正大光明："安汉宰南，奋击旧乡，翦除芜秽，惟刑以张，广迁蛮、濮，国用用强。"对李恢而言，这些评价还真是非常公允的。在三国大热的今天，杀熟专家李恢甚至已经成为家乡云南澄江县的招牌先贤。由此看来，杀熟也许是道德水准不高的行为，关键在于杀熟的目的和结果：如果是公义大于私心，使大多数人受益的话，这种杀熟者还是会被他人认可的。

▶ **三国时期的陶说唱俑**

惜字如金的陈寿所"垂青"的人：张嶷

在《三国演义》后半段登场的蜀汉将领张嶷，算是演义中一个可有可无的配角。此人经常和张翼一块出现，很多人大概都以为他俩是亲兄弟。清代史学大家万斯同显然受到了罗贯中的影响，编著《蜀汉将相大臣年表》时也未将张嶷列入其中，原因就是张嶷身仕蜀汉数十年，到死官职也不过是荡寇将军。罗万二位不待见张嶷，似乎和《三国志》作者陈寿的一句八卦有关。陈寿是见过张嶷本人的，"余观张嶷仪貌辞令，不能骇人"。意即张嶷的长相就是个大众脸。

耐人寻味的是，陈寿著史以叙事简洁著称，以至南朝宋文帝不得不下令裴松之为其作注，也就是流传至今的《裴注三国志》。就是这位惜字如金的陈寿，对张嶷却不吝笔墨。《三国志·蜀志》中张嶷的传记是一千七百四十六字，在蜀汉文武官员的列传中高居第四。巨星诸葛亮之后，只有在蜀汉开国中建立奇功的法正（二千一百八十九字）和诸葛亮北伐战略的继承人姜维（二千一百六十九字），这两位后人非常熟悉的人物在传记字数上超过了张嶷。除此之外，就是关羽（一千一百四十六字）、张飞（九百二十六字）这样的超级开国功臣也无法在列传篇幅上与张嶷比肩。

演义和正史中的待遇天差地远，时至今日已淹没在历史洪流中的张嶷，其传奇人生自然值得大书特书。

和出身犍为郡（今四川省乐山市）高门世家、一出道就当上了刘备书佐（相当于文书）的张翼不同，出身于巴郡南充国（今四川南部县）的张嶷是个不折不扣的平头百姓。他自幼失去父母，很早就成了孤儿，根本无法接受良好的教育。自西汉以来益州就有句俗话，叫作"蜀有相，巴有将"，这是因为蜀郡因为西汉时期太守文翁的治理，文化水平较高；而巴郡自古就是骁勇善战的巴人聚居地，尚武也就成为张嶷唯一的出路。

凭借自己孜孜不倦的努力，在建安十九年（214年），刚刚成年的张嶷就当上了县功曹（相当于今县政府副科级干部）。此刻刘备正与刘璋展开益州争夺战，益州地方政府处于各自为政的状态。南充国一群山贼眼见蜀中大乱，充分发挥了浑水摸鱼的职业精神，下山对县城进行明火执仗的抢劫。县长被突如其来的变故吓得惊慌失措，仓促之下竟丢弃家小出逃，导致县城失陷。在一片刀光剑影中，张嶷因为县长提拔有恩的缘故，一个人冒死从山贼手里救出了县长夫人，并历经千辛万苦保护夫人和贪生怕死的县长会合。

张嶷就此一鸣惊人，在巴郡以勇武忠诚出名，已是二千石太守的知名高官龚禄、姚伷争相与之交往。经这两位同乡推荐，张嶷得以出任益州从事一职（相当于省政府普通科员）。其后十几年间，蜀汉的国势大起大落：取汉中，丢荆州；斩夏侯，亡关公；败夷陵，讨南中。不过这些惊天动地的大事和张嶷的仕途轨迹毫无交集，他只是从一个从事熬到了都尉（相当于市公安局长）而已。

显而易见，在那个门阀士族的年代，张嶷虽有材勇，但寒门出身极大地限制了他的发展。然而金子总有发亮的一天。

蜀汉建兴五年，丞相诸葛亮进屯汉中，谋划北伐事宜，全国各地的物资储备源源不断地向汉中运来，大盗张慕趁机带着一伙土匪在距离成都不远的交通枢纽——广汉郡绵竹县（今四川省德阳县北）公然盗取军需物品，劫掠百姓，甚至连官吏都不免被勒索。张慕事件在蜀汉即将北伐中原的关键时刻，造成了恶劣的社会影响。

抓捕匪徒的重任，自然落在广汉都尉张嶷肩上。虽然张嶷已经不再是以前那个没有还手之力的功曹了，但面对这一震惊全国的特大案件，此时兵精粮足的张嶷还是进行了严密的侦察。他发现张慕匪帮是一伙流窜作案的惯犯，如果大张旗鼓地进行追捕，只会令他们一哄而散，难以将他们抓获归案，更防止不了对方卷土重来。怎样将匪帮一网打尽，确实是个难题。当然这难不倒张嶷，有勇的他开始显示出有谋的一面。

经过长期的官场生活，张嶷很清楚，即使在以清廉著称的蜀汉官吏阶层中，也存在着极少数的害群之马，他们勾结黑恶势力，干着损公肥私的罪恶勾当。否则何以解释张慕在近乎戒严状态的广汉境内屡屡得手。张嶷知道自己手下就有这种人，于是，他不动声色，把自己也打扮成一个准备同流合污的贪官，静等鱼儿上钩。

已经下水的人绝对不会介意拉更多的人下水，只有这样，大大小小的贪官们才会成为一根绳上的蚂蚱。张嶷很快就和张慕搭上了线。经过一段时间的眉来眼去后，张嶷准备动手了。他亲笔写下一封热情洋溢的信，提出自己想与张慕结为兄弟，并约定好日期，为此大办酒席，准备盛情款待义兄一行。早就和张嶷称兄道弟的张慕自然是不虞有他，兴冲冲地带着一大帮得力手下赶来赴约。在土匪们酒足饭饱后，张嶷单枪匹马亲自上阵，一刀就将匪首张慕的脑袋砍了下来，早已埋伏在四周的张嶷部下得到这一信号，全部冲出，大小五十多个土匪头目尽数被杀。随后张嶷一鼓作气，带着手下不眠不休地搜捕土匪残部，仅用了十余天，就把这一为患多年的匪帮连根拔起，完全解除了讨伐曹魏的后顾之忧。

由于在这场鸿门宴中的出色表现，诸葛亮注意到了张嶷的存在。这位求才若渴的丞相拍板把张嶷提拔进军队系统，任命他为牙门将（五品偏将），隶属于名将马忠的麾下，去平定在汶山郡发动叛乱的羌人部落。

汶山郡南部与成都接壤，地势却非常险要，不是泥沼雪山，就是原始森林。凭借天时地利，这里的羌人素来骄横跋扈不服中央。马忠和张嶷商议之后，下决心将汶山羌人彻底收服。张嶷自告奋勇担任先锋，率领三百人进击叛军中最强的主力——他里部落。

他里部落的大本营位于高山之上，张嶷率部沿着唯一的盘山小路爬了四五里地，就看见叛军在当道的山腰筑了一道石门，石门上又造床，床上堆积了很多石块。凡是经过石门的人都会被羌人投下石块砸得粉碎，可谓一夫当关，万夫莫开。仔细观察了羌人的布防后，张嶷认为强攻会给蜀军造成巨大损失，此处只可智取不可强攻，便派翻译传话吓唬羌人："你们在汶山多次反叛，伤害无辜善良的百姓，天子已经下令让军队来讨伐你们这些恶人。你们如果自行认罪，放我军通过并提供军需，那么你们将受到上天的庇佑，得到百倍的回报。如果还是顽抗不从，那么我军就会诛杀你们，到时犹如雷电霹雳，你们再后悔可就来不及了。"

他里部落酋长听说过孤胆英雄张嶷的名头，被他几句空话给吓坏了，根本没想到张嶷是在虚张声势，当即打开石门，并带着大量的粮草辎重，向张嶷的部队投降。张嶷分兵控制这一要地后，马上统军越过他里，攻击其他叛乱部落。叛军余部听闻他里投降，无不震惊。有人放下武器迎接蜀军，张嶷就对其进行安抚；有人逃进山谷顽抗，张嶷便派兵追击将其剿灭，作乱多年的汶山羌人一举被张嶷平定。深通不战而屈人之兵的张嶷，成为汶山平叛战役的最大功臣，完成了自己从文官到军人的华丽转型。

建兴十一年（233年），由于庲降都督张翼治理失策，一味照搬汉族的法律来约束蛮族，激起了建宁蛮族酋长刘胄的反叛。一时间，叛乱波及南中四郡，声势直追八年前著名的蜀汉南中之叛。诸葛亮撤换了张翼，改任熟悉南中民情的马忠进行平叛。马忠居中指挥，他在前线最倚仗的手下还是老搭档张嶷。张嶷更是在每次战斗中都身先士卒，蜀军很快大破建宁叛军，张嶷亲自在阵中砍下了刘胄的首级。南中叛军群龙无首，张嶷趁势平定了牂牁和兴古两郡的叛军，并大做思想工作，最后竟从俘虏中感化了二千壮士送到汉中，为蜀汉的北伐事业出力去了。

数年来张嶷东征西讨，威名大振，蜀汉中央政府终于发现了张嶷在处理蛮族事务方面的才干。在越巂郡（今四川凉山彝族自治州），自从当年诸葛亮平定高定的叛乱后，当地的蛮族还是反复无常，前后两任太守焦璜、龚禄都在蛮族的叛乱下以身殉职，导致之后的越巂太守根本不敢去郡治邛都县（今四川西昌市）办公，只能暂驻八百里

◄ 蒋琬（取自清光绪庚寅冬月广百宋斋校印《图像三国志》）

外的安定县。越巂郡对蜀汉政权来说徒有其名，根本就是已经失去控制的飞地。适值诸葛亮去世蒋琬出任大司马，新官上任三把火，蒋琬决意要收复越巂旧郡，最佳人选自然非张嶷莫属。

延熙三年（240年），蜀汉朝廷正式任命张嶷为越巂太守。越巂一直就是穷山恶水的不毛之地，张嶷却欣然接受这个毫无油水可捞还异常危险的烫手山芋，率部挺进邛都县。此行虽然带着大军，但张嶷并不做出武装进攻的姿态，他深知对付蛮族最好的方法，就是蜀汉的国策"攻心为上"。

首先是软法子安抚施恩：张嶷放下太守的架子，常常只带几名随从，找当地各友好部族的酋长逐一交心，使这些首领及其所部解除了对蜀汉的恐惧戒备心理。北方边界的捉马部落自恃部众骁勇，不服节制，张嶷便枪打出头鸟，率部生擒捉马酋长魏狼。众人都要求处死这个祸首，张嶷却看出魏狼只是桀骜不驯而已，他仿效诸葛亮七擒孟获，对魏狼动之以情后松绑释放，让他招降同党乡亲，还上表请封魏狼为邑侯，承诺安排土地田产供应捉马族三千余户的生活。魏狼和捉马族对此感激涕零，心悦诚服。有魏狼作示范，那些本来就不是坚决反对蜀汉的蛮族部落大为艳羡，纷纷上书表示归顺，张嶷也因此功得封关内侯。

对于那些顽固分子，张嶷则是雷霆手段，杀鸡儆猴以立威。定莋（今四川省盐源县南）、台登（今四川省冕宁县东）、卑水（今四川省会理县东北）三县距离越巂有三百多里，和贫瘠的邛都不同，三县出产盐、铁和漆，这一宝地却长期被当地的樊木族所霸占。张嶷便率部将三县夺取后设置官吏，开放给各族人民开发使用。定莋土豪狼岑是樊木族首领的舅舅，因为失去了财源大为不满，言谈举止中对张嶷很不客气。张嶷知道自己砸了狼岑的垄断饭碗，双方矛盾无法化解，便实施斩首行动。他派了数十名死士闯入狼岑家中拘捕了他，然后一顿大板子将其打死。接着张嶷亲自将狼岑的尸体送还给樊木族，当众宣布狼岑的罪行，并晓之以理："你们切不可妄自乱为，一旦有异常行动我会立刻剿灭你们。"樊木族首领大惊失色，吓得反绑双手前去谢罪。张嶷马上变了面孔温言抚慰，为之杀牛设宴，席间再次申明朝廷的恩义信用，见识了张嶷胡萝卜加大棒手段的樊木族从此变得服服帖帖。越巂人民获得了盐、铁、漆，不用再倚仗中央的接济，百姓的生活逐渐富足起来。

► 三国两晋时期军戎服饰

值得一提的是，张嶷是个原则性和灵活性兼备的将才，对于杀人他是极有分寸的，不该杀的绝对不杀，该杀的绝不放过。苏祁县部落首领冬逢，投降以后又屡次反叛，脑后有反骨，死罪难逃。冬逢的妻子，是旄牛族国王的女儿，张嶷却待之以贵宾之礼。冬逢的弟弟隗渠逃亡至西部边境，此人刚猛狡诈，一向为各部落所敬畏，是个大大的祸害。不久他派了两名心腹诈降于张嶷，真实目的当然是打听蜀汉方面的虚实。张嶷一眼就看穿了隗渠的诡计，他将计就计，对两人许下重赏，使了一出精彩的反间计，唆使两个心腹合谋刺杀了隗渠。隗渠一死，不喜欢闹事的西方各部落就此安心。

居住在汉嘉郡（今四川省雅安县）边界的旄牛族有四千余户，是蜀汉境内第一大少数民族。其首领狼路一心要为姑父姑母（冬逢及其妻子）报仇，派遣叔父狼离率部来查探越巂形势。张嶷对此胸有成竹，他在必经之路上派人携带酒肉犒劳旄牛族人，同时还派狼离的姐姐（就是冬逢的妻子）与他见面。发现姐姐安然无恙的狼离悲喜交加，当即率领部众投降，张嶷却厚加赏赐后让姐弟俩回家。

原来古时汉嘉郡有一条近路可以直达成都，路途平坦方便，然而在一百年前此路就被旄牛族盘踞而断绝，后人去成都只能改走另一条艰难险远的路。张嶷打好了伏笔，让亲信带着钱财去拜见狼路，传达自己和解的意愿。狼路在叔父、姑母的劝说下举族前来参见张嶷。张嶷与旄牛族对天盟誓，上表奏封狼路为王，肃清了千里之间的道路，恢复了古时的驿站交通。旄牛族就此开始向朝廷朝贡，不再为患。

在长达十五年的越巂太守生涯中，张嶷是典型的恩威并施，统一战线他能搞得有声有色，罪大恶极的也坚决镇压，毫不含糊。斯都县部落首领李求承，曾经亲手杀害了张嶷的朋友——前任太守龚禄，张嶷一上任就重金悬赏，终于把李求承缉拿，将其斩首示众，大大震慑了那些心怀鬼胎的酋长们。

由于长期战乱而疮痍满目的越巂郡，在张嶷的治理下仅仅三年时间就恢复了生气。当地百姓都深深感受到了张太守的关爱和恩情，大家一心从事生产，再也不反叛了，南中彻底成为蜀汉稳固的大后方。

延熙十七年（254年），张嶷返回成都参加北伐，越巂各族人民纷纷扶着车把哭泣送别，自愿跟张嶷同行去成都朝贡的部落首领多达一百余人。张嶷战死的噩耗传来后，越巂百姓如同死了亲人一样号啕大哭，自发为张嶷立庙进行祭祀。纵观整个蜀汉历史，只有三个汉官在南中赢得了这样的待遇，另外两位是不论官位还是名气都大过张嶷甚多的诸葛亮和马忠。可见对张嶷，南中各族百姓是真心爱戴。

同样，对张嶷这样一位长期在边疆地区从事基层工作的国家中层干部，第一次参加对外战争就战死沙场的普通将领，陈寿也是推崇备至。从其对张嶷的评价——"识断明果"即可见一斑。

先说见识和决断。

张嶷拥有极强的政治洞察力，在分析他人的心理、性格方面有非常高的天赋，可说是虽不轻言，言出必中。建兴十四年（236年），武都郡氐族首领苻健遣使准备归顺蜀汉，蜀汉也派了使者迎接，但是过了期限也没有对方的消息，蒋琬对此很是忧虑，担心是不是出了什么变故。张嶷很肯定地安慰蒋琬说："苻健诚心请求归附，一定不会变卦。我听说苻健的弟弟非常狡猾，这帮人做事喜欢争功，恐怕哥俩要闹分裂，所以苻健才耽搁了。"没过几天，真的是苻健率部来蜀，苻健的弟弟却带人投降了曹魏。后来曹魏的狄道县长李简来信说要投降，蜀汉官员都对此半信半疑，唯独张嶷说李简肯定是真心，建议遣军接应，事实果然如此。

大将军费祎性格宽厚博爱，对外人豪无防范，张嶷便写了一封书信规劝："从前东汉大将岑彭、来歙手握大军为帅，结果都被公孙述派刺客杀害。如今将军位尊权重，但实在太信任新近归附的降人。您应该以前事为鉴，加强警戒才对。"费祎没听进去，结果在建兴十六年（238年）春节被魏国降将刺杀而遇难。

同一年，吴国太傅诸葛恪在东关之战大破魏军，风头正盛。张嶷却给诸葛恪的堂弟、蜀汉侍中诸葛瞻写信泼冷水："吴王刚刚驾崩，现在的皇帝孙亮年幼，太傅诸葛恪受诏辅政托孤，责任何其重大！以周公之才且有亲戚关系来摄理朝政，仍然会有管叔、蔡叔散布流言发动叛乱；霍光受汉武帝遗命摄理朝政，也有燕王刘旦和上官桀等人阴谋陷害。只是依赖周成王、汉昭帝的圣明，周霍二人才得以免祸。以前孙权从不把生杀赏罚的大权交给别人，如今在垂死之际，才把后事托付给诸葛恪，这实在令人忧虑。

"吴、楚地方的人性格轻浮急躁，诸葛太傅却远离年幼的君主，深入敌国境内，这恐怕不是长远的计策。虽说吴国现在表面看没有裂痕，但不怕一万，就怕万一，最轻微的失误也会造成致命的失败。如果您不向太傅进献忠言，还有谁能直言相告呢？希望您能劝他撤回军队发展农桑，致力于推行仁政。数年之后，我们两国同时进攻魏国，获胜才有把握，希望您能考虑和采纳我的意见。"张嶷料事如神，不到半年，刚愎自用的诸葛恪就被孙峻发动政变诛杀全族。

在那个敬鬼神而远之的年代，没有学过心理分析的古人，大概只能用神奇来解释张嶷的神机妙算了。

接下来是明智和果敢。

张嶷为人"慷慨壮烈"，是位典型的好男儿、大丈夫，这在史书里都是少见的高尚品质，从现代人的角度来看更显得弥足珍贵，而同时代很多重视繁文缛节的伪君子却因此认为张嶷"放荡少礼"。张嶷在刚刚调任广汉都尉时生过一场大病，病势十分严重，由于他为官清廉，家里没钱医治，上司广汉太守何祗倒是家境富有，是个出名的大方厚道人。张嶷与其本无交情，却马上拜访何祗，托他帮忙治病。何祗也无愧其名声，当下倾尽财力治好了张嶷，张何二人一见如故的事迹在蜀汉境内传为美谈。

张嶷从越巂回到成都后，刚刚就任车骑将军（一品）的夏侯霸一心想把这位军界新星置于麾下，就亲切地跟张嶷套近乎："我虽然不认识您，但一见如故，希望您能明白我的意思。"刘禅的皇后是张飞的女儿，张皇后的母亲却是夏侯渊的侄女，也就是说夏侯霸是蜀汉的国舅，身份何其贵重。面对这位外戚大将的拉拢，张嶷却义正词严，拒绝得十分经典："仆未知子，子未知我，大道在彼，何云托心乎！愿三年之后徐陈斯言。"和当年与何祗结交时的表现截然相反。此言一出，世人对张嶷不巴结权贵而讲究朋友之间真心交往的为人佩服得五体投地。

由于在南中瘴疠之地待得太久，张嶷患有严重的风湿病，站起来都得拄拐杖，走路也很困难。时值姜维发动第二次北伐，众人都建议张嶷安心静养，他却不愿在成都坐享清福，硬要为恢复中原效力，尽力支撑病体亲临战场。军队出发前，张嶷亲自向后主告辞，言辞激昂："臣受陛下圣恩，可谓恩宠过度，可是我身患疾病，常常害怕自己突

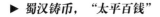
▶ **蜀汉铸币，"太平百钱"**

◀ 刘禅（取自清光绪庚寅冬月广百宋斋校印《图像三国志》）

然死去，辜负了陛下的知遇。现在上天成全我的愿望，让我遇到了战事。如果能攻克凉州，臣愿意担任守将。如果不能获胜，臣必当为陛下杀身成仁！"平常不怎么关心臣下的刘禅一反常态，当场被张嶷感动得泪流满面。

在这场战役里，张嶷终于实现了自己马革裹尸的夙愿。其实如果张嶷待在中央的话，凭自己的才干和刘禅的宠信（"后主深崇之"），为相辅政恐怕不是难事，他却义无反顾地选择了血洒疆场的悲壮结局。官居五品的张嶷战死后，刘禅马上下诏，进封张嶷长子为西乡侯，张嶷关内侯的爵位由其次子继承，可见刘禅对张嶷的信任和追思。因为当时蜀汉很多资历出身都远超张嶷的良将，比如张嶷的老上司、官居二品的马忠，死时都只是差乡侯一级的亭侯。

张嶷出身贫寒，一生由文入武，身为文官能够尽职安民，身为将领能够和睦蛮夷，身为臣子能够杀身报国，身为朋友能够真诚待人，地处偏远却能看清天下大事，见识卓越，品行高洁。所以陈寿盛赞张嶷"虽古之英士，何以远逾哉！"

读史至此，张嶷作为一代国士，能够得到陈寿的"垂青"，倒是一点也不奇怪了。

主要参考资料

[1] 陈寿《三国志》
[2] 司马光《资治通鉴》
[3] 胡三省《资治通鉴音注》
[4] 严衍《资治通鉴补正》
[5] 钱大昕《廿二史考异》

艺术到技术
拿破仑、普奥、普法
战争中的普鲁士
总参谋部改革史

作者 / 矢锋

楔子

1866年4月2日，在欧洲被战争阴云笼罩之时，旅居英国伦敦的腓特烈·冯·恩格斯给他一生的革命同伴与挚友——卡尔·马克思写了一封信：

"从军事上来看，我认为双方的军队大体差不多，战争将是十分残酷的。但是，贝奈德克①比起弗里德里希－卡尔亲王②来，自然是一个较好的将军……如果弗里德里希－卡尔没有得力的、有威信的参谋人员，那么我认为普鲁士人会被打败。单是杜普尔③以后的自吹自擂就已经表明要重蹈耶拿的覆辙。"

恩格斯作为马克思的战友，是无产阶级革命的先哲，是指导创建了第二国际的革命家与领袖。在恩格斯一连串光辉的头衔中，有一项头衔是不可忽略的——19世纪著名的军事评论家。

当恩格斯写下上述信件时，在他的祖国德意志，普奥战争已箭在弦上，由腓特烈大帝与特蕾莎女王所开启的百年恩怨即将迎来清算的时刻。这场战争的直接原因是普鲁士在铁血宰相奥托·冯·俾斯麦的策动下强占两国在丹麦战争中共同赢下的战利品——石勒苏益格－荷尔斯泰因，并且是在大部分德意志邦国反对的情况下仍然一意孤行。那些对局势洞若观火的观察者们更加清楚，这场蓄谋已久的战争的准备工作在好几年前就已经开始了。在很多德意志民族主义者看来，一力推动这场战争的俾斯麦是整个德意志民族的叛徒。他们认为，这场德意志邦国之间的内战只会为法国皇帝拿破仑三

▶ **恩格斯，1888年由威廉·埃利奥特·德贝纳姆（William Elliott Debenham）拍摄**

---

① 路德维希·冯·贝奈德克（Ludwig von Benede，1804—1881），奥地利陆军上将。
② 弗里德里希－卡尔亲王，出身普鲁士王族的将军，成名于丹麦战争。
③ 指丹麦战争中的杜普尔要塞之战，普军以很小的代价赢得了这次攻坚战。

世干涉德意志内政、侵占德意志土地创造机会。恩格斯如此写道：

"虽然每个参与发动这场战争的人……都应当受绞刑……我的主要愿望还是要使普鲁士人受到痛击……普鲁士的每一个成就都将鼓舞波拿巴进行干涉。总之，这两只德意志狗大概现在已经在互相拼命追赶，争先把德意志的地方奉献给第三只法国狗。"

在恩格斯和其他观察家、评论家看来，普鲁士在这场战争中的战略处境是十分不利的。"如果第一仗以普鲁士人的大败而结束，那就没有什么东西可以阻止奥地利人向柏林挺进。如果普鲁士获胜，它却没有力量渡过多瑙河，尤其是通过佩斯向维也纳进攻。"因为当时奥地利的人口比普鲁士多78%，国防预算多54%，整体国力明显强于普鲁士，何况后面还有法国人虎视眈眈。所以当谈判破裂、战争无可避免的消息传到柏林时，股市应声大跌。

6月17日，奥地利对普鲁士宣战，普奥战争正式爆发。从1866年6月20日到7月6日，恩格斯在英国《曼彻斯特卫报》上连续发表了5篇《德国战争短评》，评论如火如荼的普奥战争。在恩格斯看来，普鲁士军队与奥地利军队相比几乎一无是处。普鲁士国王威廉一世性格懦弱却又十分顽固，根本不是统领大军之才。普鲁士战争部、总参谋部和国王的军事枢密室互相争权，简直是"确保军队打败仗的做法中最有效的了"。普鲁士征召士兵组成的军队也显然不是长期服役的奥地利老兵的对手，而且他们的密集进攻队形也落后于时代。普鲁士的骑兵历史上就打不过奥地利骑兵，何况其规模也只有对手的三分之二。最为致命的是，普鲁士人已经有50年没有打过大规模战争了。虽然1859年以来，普鲁士军队在德国总参谋长——"优秀的将军"赫尔穆特·卡尔·贝恩哈特·冯·毛奇的领导下努力实施军事改革，但是40年的和平积弊哪是那么容易清除的。恩格斯认为，普军的优势只有两点：第一，他们的后勤系统比贪腐横行的奥地利要强；第二，普军步兵的德莱赛后装针发枪使得他们拥有武器优势。但无论如何，除非普鲁士人能够爆发出"不大可能有的英勇精神"，否则他们在第一次大会战中就会被击败。

7月3日，恩格斯的《德国战争短评》发至第四篇。在这篇短评中，恩格斯写道：

"假设有一位普鲁士步兵或骑兵的年轻见习军官在参加尉官考试时被问道：'什么是普鲁士军队入侵波希米亚的最安全计划？'假定我们年轻的军官这样回答：'最好的方法是把军队分为大致相等的两路，派出其中的一路向理森山以东迂回，而另外一路向西迂回，让它们在吉钦会合。'……提出这样计划的人甚至不配晋升为尉官。但是聪明而博学的普军参谋部采用的正是这样的一个计划。"

当时的军事观察家们认为，普鲁士的作战计划意味着普军将他们与奥军大致相当的兵力，分为两个互相不能救应的集团分别推进，简直是在邀请奥军将他们各个击破。在恩格斯看来，普军居然会犯下这样一个尉官都不可能犯的错误，唯一的可能就是威廉一世身边那些阿谀小人插手指挥。因为毛奇这样"优秀的将军"和他那以专业著称的总参谋部不可能如此业余。总之，只要奥军能够阻止普鲁士两个军团会合，则大势已定。

就在刊载这篇短评的《曼彻斯特卫报》伴随清晨的阳光传遍英格兰的同一时刻，在数个时区之外的波西米亚萨瓦多－克尼格雷茨[1]，普鲁士第1军团和易北河军团共12万大军正面展开，国王威廉一世的旗帜在烈风中飘扬，总参谋长毛奇策马立于国王身边。在他们对面，由奥地利宿将路德维希·冯·贝奈德克指挥的24万奥地利与萨克森联军正在猛烈的炮火支援下向普军阵地进攻。12万对24万，欧洲历史上还从来没有人见过规模如此惊人的会战[2]。这一天，注定将创造历史。

威廉一世尽量保持镇定自若的神态，但如果走近他身边，任谁都能发现他苍白的脸色。由王储腓特烈三世率领的普鲁士第2军团的10万人并没有出现在战场上。这个时代还没有无线电报，军队主要依靠有线电报进行通信。就在战斗前夜，两支部队之间的电报线路突然中断了。总参谋长毛奇紧急派遣两名军官骑着快马去寻找还在30多公里外的第2军团。如果第2军团不能如期出现在战场上，那么普鲁士人将输掉这场战争。

唯一让普鲁士人感到欣慰的是，德莱赛针发枪猛烈的火力让奥地利人吃尽了苦头。奥地利人的洛伦茨前装步枪每开一枪，普鲁士人就能还击四五枪，更何况普鲁士人是趴着开火的。但此外，奥地利人不仅兵力占优，而且骑兵和炮兵也占有明显优势，还有预设阵地作为依托。老谋深算的贝奈德克沿着比斯特里茨河非常巧妙地构筑了防御阵地，普军右翼易北河军团的7个前卫营于上午刚刚抢渡比斯特里茨河，就发现自己陷入了奥地利—萨克森联军的火力陷阱。普军在奥军的密集弹雨下损失惨重，不得不撤过河转入防守。在普军左翼，担任主攻的普鲁士第1军团第4师、第7师和第8师发现，他们的火炮很难渡过比斯特里茨河，这让过河的步兵失去了炮兵支援。利用这一机会，正面的奥地利第2军、第4军对立足未稳的普军发起了凶猛的进攻，双方围

---

① 今捷克境内赫拉德茨－克拉洛维。
② 萨瓦多－克尼格雷茨战役最终参战人数为46万人。

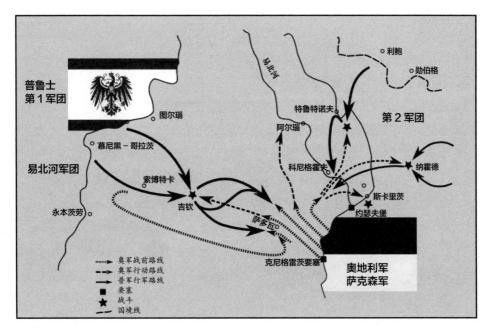

▲ 萨瓦多-克尼格雷茨战役示意图

绕普军左翼末端，同时也是奥军右翼末端的施维普森林展开激烈争夺。贝奈德克很清楚自己不能与普军拼步枪火力，他充分利用自己更强的炮兵火力从远距离逐渐"融化"普鲁士人的阵地，让处在河岸上的普军陷入进退两难的境地。

战至11点，战局越发对普军不利。在奥军的猛攻之下，普鲁士第7师逐渐无法支撑，被赶出了施维普森林。这让奥军士气大振，攻击更加猛烈。正在奥军逐渐掌握战场主动之时，从施维普森林奥军右后侧突然射来密集的弹雨，普鲁士第2军团的先头部队赶到了！这是战争史上非常不可思议的一幕。22万普军以理森山为界，兵分两路进军波希米亚，结果不但没有如同战争史上无数先例一样被24万奥军各个击破，反而在决战的战场上分别出现在敌人两侧，如同一部运转精良的机器一般将奥军死死钳住。

当第2军团的鹰旗出现在毛奇的望远镜中时，瘦削寡言的总参谋长转向自己的国王，微微欠身，说出一句铭刻在军事史上的话："祝贺陛下不仅赢得了这场会战，而且赢得了这场战争。"

腹背受敌的奥军陷入绝望，他们只能选择倾尽全力冲向第1军团阵地。奥军步兵在火炮掩护下悍不畏死地发动一波波冲击。他们一片一片地倒在德莱赛密集的弹雨中，但是仍然前赴后继地冲击着普军阵地。到14点30分，奥军的所有努力都失败了。德

▲ 萨瓦多–克尼格雷茨战役

莱赛的弹雨一次次把奥军的冲击队列像火柴棍一样折断。随着普军设法把火炮拖过河，普军的正面阵地越发坚固。之后，第2军团10万大军全部到齐，如同压路机一般从奥军后方碾压过来。最终，奥军中央阵地被突破，贝奈德克不得不下令全军撤退，20多万奥军如同洪水般败退下来。高傲的奥地利胸甲骑兵一次次向追击的普军发动自杀性冲锋，以便为主力逃脱赢得时间……

此战，奥军损失了31000人，其中阵亡、失踪近15000人，被俘9000余人，还损失了6000匹战马和116门大炮。普军仅损失9100多人，其中阵亡者不足2000人。无力再战的奥军纷纷向维也纳溃退。

7月6日，面对着与自己当初预想完全相反的战场结果，恩格斯发表了最后一篇《德国战争短评》。在这篇评论中，尽管恩格斯仍然无法理解一代宿将贝奈德克为何没有对分散进军的普军各个击破，但他还是对普鲁士军队表现出的战斗力给予了充分的肯定：

"我们应当承认，被50年的和平生活锈蚀了的军队和指挥机构在行军和接敌时的行动竟然那样有秩序和准确，这几乎是谁都不能意料到的。最后，全世界对这支没有经验的军队在每一次战斗中表现出来的勇猛精神，都一定感到惊奇。"

历史没有记录下普鲁士总参谋长毛奇是否看到过这篇短评，或者他看到这篇短评之后有何表示。总之，在沙恩霍斯特创建普鲁士总参谋部之后 60 年，普鲁士总参谋部和他的宠儿毛奇将军创造了军事史上的奇迹，以至于恩格斯叹服道："**历史上还从未有过一次战局能在这样短的时期内，在未遭到任何大的挫折的情况下，取得这样巨大的胜利。**"

要理解这奇迹般胜利的伟大意义，我们就必须把时间拨回到 60 年前，回到格尔哈德·约翰·达维德·冯·沙恩霍斯特创建总参谋部的那个风雨飘摇的时代，回顾普鲁士在黑暗中崛起的那段痛苦历程。

改革契机：耶拿和奥尔施塔特双重会战战败

1806 年 9 月，由英国、俄国、普鲁士和瑞典四国牵头组织的第四次反法同盟宣告成立。显然，"第四"这个数字表明，这样的枷锁已经有三具被他们对面那头孤零零的怪兽撕得粉碎。在巴士底狱的血与火之中诞生的新法兰西让整个欧洲的封建贵族们颤抖不已，所以他们联起手来试图将这雅各宾的国度扼杀在襁褓之中。1793 年，英国、普鲁士、奥地利等欧洲列强组成第一次反法同盟，总共多达十几个国家发兵入侵法国，而法国国内的保王党们则纷纷起事响应，新生的共和国看上去似乎连风都可以吹倒。

8 月 23 日，雅各宾派下达著名的《总动员令》。仅仅数个月时间，法兰西共和国如同变戏法一般组织起一支总兵力近百万的超级大军。对于那个时代的欧洲人而言，这简直是无法理解的事情，哪怕是当年几乎统一全欧的罗马帝国也从未拥有过数量如此惊人的军队。尽管这支临时拼凑起来的庶民军队极度缺乏合格的军官、组织和训练，但他们充满革命热诚，而且在战争中成长迅速。到 1795 年，在法军的猛烈打击下，各国军队节节败退，反法联盟分崩离析。

让各国贵族更加恐惧不已的是那个来自科西嘉岛的年轻人——拿破仑·波拿巴，这个打起仗来鬼神莫测的军事天才与法兰西庶民大军简直是天作之合。融合了革命军队的狂热士气和拿破仑的军事才能，这支军队完全无视 18 世纪全部的军事原则。他们不睡帐篷，如同当年的蒙古骑兵一样露宿原野；如果条件不允许，他们甚至能不带辎重，每个人只带 3—4 天的干粮，依靠一路强征随时补充；他们蔑视攻城战，遇到要塞就轻蔑地绕开；他们在野战中更喜欢用冲锋把敌人冲得七零八落……

到 1806 年，奥地利哈布斯堡王朝已经连续三次惨败于拿破仑手下，甚至被迫解散神圣罗马帝国,让千年帝国烟消云散。而俄国也在奥斯特利茨会战中损失惨重。至此,整个欧洲大陆唯一还没有受到沉重打击的大国,就只剩下普鲁士了。于是拥有1000万人口和20万大军的普鲁士,成为第四次反法同盟当仁不让的主力。

可以说,当时欧洲大陆上的其他国家早已对拿破仑谈虎色变,但普鲁士例外。普鲁士军官和上流社会对战胜法国充满信心。他们认为,法军击败那些软弱的奥地利人、无能的意大利人和笨拙的俄国人不能说明任何问题,欧洲第一强军很快将告诉法国公鸡什么才是真正的军队。

19世纪初,和早已在声色犬马中腐朽堕落的法国贵族不同,普鲁士容克贵族军官团仍然保留着斯巴达式的军事传统。1198年,欧洲三大骑士团之一的条顿骑士团成立。1226年,这个完全由德意志人组成的骑士团应神圣罗马帝国皇帝腓特烈二世之邀,挥戈东进,打下了易北河以东的普鲁士地区作为其根据地。16世纪,条顿骑士团改宗新教路德宗,并逐渐世俗化,而骑士团成员则逐渐成了普鲁士所特有的封建阶

▼ **法国大革命**

级——乡村容克。

根据 1653 年勃兰登堡选帝侯腓特烈·威廉赐予的特权，乡村容克对在他们土地上耕种的农奴享有"完全支配"的权力，同时还享受免税等大量优惠政策。但同时，他们也被束缚在勃兰登堡、波美拉尼亚和东普鲁士的土地上，难以像欧洲其他地区的贵族那样进一步扩张自己的土地与权力。于是，军校和仕途就成为大部分容克子弟的出路，容克阶级也成为普鲁士中央集权最大的支持者。容克子弟在很小的时候就纷纷进入军校学习，毕业后作为军官进入军队服役。长期军事传统的熏陶让容克阶层形成

▼ **1806年的普鲁士军服和七年战争时期相比变化不大，无论军官还是士兵的制服都充满王朝战争的特点**

步兵士官（1806）　　掷弹兵（1806）　　掷弹兵（1757）　　步兵军官（1757）

诺布洛赫步兵团　　亨利王子燧发枪团　　第23步兵团　　第48燧发枪团　　第18步兵团
列兵　　　　　　　列兵　　　　　　　　列兵　　　　　列兵　　　　　　列兵

了强悍、粗野、无畏、重视荣誉与纪律，但又阴险狡诈、不择手段的群体特征。整个18世纪，容克基本垄断了普鲁士军官团，同时使普鲁士军队成为18世纪等级最森严的军队。正是这支军队，帮助普鲁士从1701年建国时的仅200万人口的小国，扩张成1806年人口破千万的欧洲大国。

在18世纪的一系列大战中，普鲁士铸就了"欧洲第一强军"的荣耀。1757年的罗斯巴赫战役中，22000名普军仅用一个半钟头就把36000名法军和12000名奥军杀得一败涂地，歼敌近万，自身损失仅500余人。甚至草创期的法兰西共和国也在普鲁士人手中吃过不少败仗。1795年，在并未给普鲁士重大打击的情况下，法国与普鲁士媾和，双方维持了10年的和平。这使得1806年前的普鲁士贵族仍然将拿破仑的法军视为手下败将。

但1806年的战争对普鲁士人而言却是一场彻头彻尾的屈辱性失败。尽管这场战争是普鲁士人首先挑起的，但是令普鲁士国王威廉三世尴尬不已的是，当自己于10月1日向拿破仑发出最后通牒时，本来应该措手不及的法军竟然早就做好了战斗准备。

法军的迅速反应，要归功于那支经过多年革命战争锤炼、高效灵活并绝对团结在拿破仑周围的指挥团队。普鲁士于8月9日下达《总动员令》，这完全出乎拿破仑的意料。整个8月，在普鲁士备战备得热火朝天之时，已经回到巴黎的拿破仑却在给自己的将军们放假。9月5日，拿破仑在收到普鲁士军队异动的情报后，不动声色地开始动员自己的军队，命令他们收拢部队向预定地点集结。18日，拿破仑确认普鲁士即将开战，立即下令近卫军顺驿站奔赴前线。他本人则一边扬言要去贡比涅打猎，一边轻装简从秘密赶赴前线。法军就此高效运转起来。至10月初，6个步兵军和1个骑兵军已经全部占领了进攻出发阵地，辎重队也已到位。结果，威廉三世的最后通牒反而变成了法军进攻的发令枪。18万法军当即杀过边界，把普鲁士打了个措手不及。

当时，普军的3个军团和萨克森军的2个师共16万人还在耶拿一带慢腾腾地爬行，而他们的盟友——13万俄军的先头部队则刚从华沙出发。尽管他们比法军多了整整1个月的时间准备，但是他们的动作却远远落在了法军后面。普军一天只能行军24公里，但是法军每天却能走将近40公里。于是，在这场普鲁士主动发起的战争中，法军反客为主，而普军却沦为了猎物。

10月14日，耶拿和奥尔施塔特双重会战打响。结果，法军散兵群把普军打得一败涂地。在18世纪军事传统中，散兵是线列步兵的从属。一个普军步兵连中仅编有10名散兵。但是在耶拿，普鲁士人吃惊地发现法国人竟然把整营整团的步兵当作散

▲ 耶拿和奥尔施塔特双重会战

兵使用。在奥尔施塔特，法国最著名的元帅达武率领 2.6 万法军依托森林与城镇对抗 5 万普军主力。普军记述说：

"在森林中，法军士兵解散行列，不采用任何操练动作，仅仅依靠树木的掩护射击。我们的士兵惯于在开阔地并肩作战，反而很难适应这种几乎没有秩序的情形，容易成为敌人的目标。"

战至中午，5 万普军竟然被只有自身一半兵力的法军打得寸步难行。普军总司令不伦瑞克公爵卡尔·威廉·斐迪南情急之下亲自带队冲锋，却不幸被一发子弹击中，20 天后伤重不治。对于普军而言，这仅仅是悲剧的开始。耶拿的普军霍恩洛厄军团同样被拿破仑以散兵群战术击溃，惨遭歼灭性打击。到这天傍晚，全军溃退的普军夺路而逃。在之后的 20 多天里，法军缪拉、苏尔特和贝纳多特三位元帅跟踪追击，不断摧垮试图抵抗的普军残部，史称"三元帅大追击"。27 日，拿破仑以胜利者的姿态进入柏林。11 月 7 日，最后一位仍在顽抗的普军将军布吕歇尔在吕贝克投降。至此，普鲁士与萨克森盟军的全部军事力量被毁灭殆尽，伤亡25000人，被俘10万人，其中包括大量高级将领。在这份长长的俘虏名单中，有很多日后将改变普鲁士历史的人，比如，沙恩霍斯特、布吕歇尔和克劳塞维茨。

对此，时人有一个夸张的评价："拿破仑一口气就吹倒了普鲁士。"

1807年，普鲁士与法国签订《提尔西特和约》。根据和约内容，普鲁士割让易北河以西的全部领土和普属波兰的绝大部分给法国，并赔款1.3亿法郎。丢失近半领土的普鲁士国运一片黯淡，但在这普鲁士历史上最黑暗的时刻，改革的种子却正在悄悄发芽。

绊脚石：乡村容克

1800年，45岁的德意志库尔-汉诺威炮兵团中校格尔哈德·约翰·达维德·沙恩霍斯特，在经过长时间思考之后，上书普鲁士国王，恳请加入普鲁士军队。不过他有一个附带要求：去军需总监部任职。这是一个大胆的要求。沙恩霍斯特不具备加入普鲁士军需总监部的任何条件。因为最起码，沙恩霍斯特得是贵族。

1755年，沙恩霍斯特出生于汉诺威博德瑙地区的一户农民家庭。他的祖父是位农民，一辈子面朝黄土背朝天；他父亲早年曾加入汉诺威军队，是一名轻骑兵哨长，退役后则继续务农。1771年，沙恩霍斯特的父亲打赢了一场继承官司，得到了一座小农庄，这让他有钱把自己的孩子送入军校。1777年，沙恩霍斯特从桑堡-利珀军校毕业，开始在汉诺威军队中服役。在他人看来，沙恩霍斯特的外表和举止并不像个英姿飒爽的军官，倒像一个老成持重、略带几分忧郁的学者。1786年，沙恩霍斯特重返军校教授炮兵，并担任了当时颇为有名的《军事杂志》的编辑。《军事杂志》刊登了很多前卫的军事思想，尽管普鲁士官方并不怎么认可，但是在柏林的青年军官中却拥有大量读者，其中包括在普鲁士军需总监部供职的卡尔·路德维希·冯·勒科克。勒科克力邀沙恩霍斯特来普鲁士供职，他告诉沙恩霍斯特，当时的德意志诸国当中，只有普鲁士具有沙恩霍斯特施展才华的舞台。所以才有了沙恩霍斯特那次大胆的上书。

很快，沙恩霍斯特的要求得到威廉三世恩准，赴普鲁士军需总监部任职的沙恩霍斯特被赋予贵族身份，在名字中加入了"冯"。不过令沙恩霍斯特失望的是，时任军需总监部部长戈伊绍少将是一个臃肿迟钝的守旧派，他对长了一副学者脸的沙恩霍斯特并不怎么感冒。他命令沙恩霍斯特负责为训练各省分配到柏林任职的军官而开设的

▶ 沙恩霍斯特的气质与其说像军人，不如说更像学者

冬训班[①]，在他看来，这是最适合沙恩霍斯特干的事情。

在冬训班这个平台上，1801 年 7 月，沙恩霍斯特聚集起一批有朝气的年轻军官，成立了一个沙龙性质的讨论组织——军事协会。参加军事协会的大多是一些不满普鲁士现状、有着改革思想的军官，包括克劳塞维茨、博因、格罗尔曼、利林施特恩等。当然其中也有一些旧体制的辩护者，如尖刻讽刺普鲁士满地都是"冯·波拿巴先生"的布吕歇尔。

在军事协会里的改革派军官们看来，头头脑脑们的"欧洲第一强军"迷梦简直荒谬透顶。他们根本看不到七年战争之后的 50 年里，腐败早已滋生在普鲁士军队的每一个细胞。容克阶层对军官团的垄断固然让普军纪律森严，可谓天下无双，但是另一方面也使普军事实上成为容克阶层牟利的手段。这是一支组织、训练与指挥都属于 18 世纪的军队，根本无法适应 19 世纪的战争，尤其是与拿破仑的法军相比更显过时。

普鲁士军队保留着大量雇佣兵时代的特征。这支军队的兵源主要来自国内强征和外国雇佣兵，两者大约各占一半。普军各团都有专属行政区（Canton）用于征兵，各个行政区大约按 50：1 的比例出兵，士兵终身服役，逃亡则查抄全家。外国雇佣兵则是通过买、骗、抢等各种手段从其他德意志邦国以及俄国、波兰等地弄来的。俄国科学之父米哈伊尔·瓦西里耶维奇·罗蒙诺索夫年轻时就曾经当过普鲁士的外国雇佣兵。当时他在德意志求学，有一次在酒馆中遇到了三个普鲁士骑兵。这三人见罗蒙诺索夫长得高大威猛，便热情地邀请他一起喝酒。第二天一早，被灌得七荤八素的罗蒙诺索夫才发现三个骑兵手上拿着一份征兵合同，上面有自己的手印。原来，这些骑兵每为普军提供一个新兵都能额外获得赏钱。在吃了好几个月的军棍之后，罗蒙诺索夫终于逮着个机会逃出了兵营。

[①] 1801 年改为学制两年的柏林军校。

后来担任普鲁士战争部长的博因把这些军官叫作"奸商",认为这些募兵官把德意志各邦最声名狼藉的无赖和流氓都搜集到了军队中,这对军队的建设不是有益而是拆台。他写道:

"它使军队半数由这种无用的坏蛋组成,他们把从这支军队开小差跑到另一支军队去当作自己的职业,为的是可以三番五次地领到赏钱。他们除军饷以外还想方设法地通过偷窃与欺骗捞外快,给士兵阶层丢尽了脸。这些坏蛋,以及用来维护纪律的军棍,严重削弱了本国士兵的士气,因为一般士兵也常常无端受累,遭到可怕的虐待。例如,为了在夜间监视一个坏兵,就把他安置在一个好兵的房间里。如果坏兵开了小差,好兵就得受刑。"

正因为如此,普鲁士的森严军法中有一半都是为防止士兵逃亡而制定的。用军棍把士兵们训练成走队列和开枪的机器成为普鲁士式训练的不二法门。普鲁士步兵训练将重点完全集中在线列战术上,更加准确地说集中在快速装弹上,对于射击精度则极少考量。事实上,普鲁士的1782式"老普鲁士人"燧发枪甚至没有照门。每个普鲁士步兵连中只有10名轻步兵接受过较为严格的射击训练,而且相对于其他国家的轻步兵来说,普军轻步兵的训练也是较为潦草的。在18世纪传统的线列战斗中,普鲁士步兵在近距离上一分钟四发的射速足以毁灭任何对手,但在奥尔施塔特这样的复杂地形上交战时,普鲁士步兵完全变成了法军轻步兵的活靶子。

连队是普鲁士军队管理的基本单位,政府每年把全年军饷一次性发放给连队,每人每月3塔勒①零5格罗辛,再由连长自行发放给士兵。这就为军官们吃空饷留下了足够的空间。对于国内强征的那一半士兵,训练期初为3个月,后减至2个月,其余10个月连长便给大部分本地士兵放假。因放假士兵不领饷,这笔钱便进了连长的腰包。对于另外一半外国雇佣兵,连长则通过"自由哨兵"制度让他们在营区内放假,然后役使这些士兵去打工赚钱。时人记录说:"士兵出现在大街上每个角落,干你能想到的所有的活,车夫、仆人、掮客……当然,从中牟利最大的自然不可能是士兵,而是他们的军官上司。"

由于容克贵族子弟几乎垄断了全部军官职位,军官的这些行为基本上不可能受到惩罚。军官的晋升按出身、服役期限而不按战绩。腐朽的军官晋升制堵塞了那些智勇双全、战绩卓著的平民下层军官和士兵的晋升之路,而贵族子弟即使怯懦无能亦可平

---

① 德意志地区于1753年开始推广的协议塔勒为28.0644克、纯度833‰的银币。1塔勒等于24格罗辛。

▲ **1806年的普鲁士军队仍然保持着18世纪的基本风貌**

步青云。这无疑消磨了军人们的战斗热情和献身精神，导致军官队伍年龄老化、生活腐朽，也助长了因循守旧的风气。

普鲁士军队的统率机构叠床架屋，政出多头。军需总监部理论上负责全军事务，但国王身边的侍官总署却又作为国王特使四处干涉军方事务，没有严格上下级关系也没有严格权限的"最高军事委员会"和"直属军事组织委员会"的建立亦使混乱情况继续加剧。在 1806 年的战争中，为了协调各军团的行动，威廉三世任命第 1 军团司令不伦瑞克公爵兼任普军总司令。同时，为了减轻摩擦，他又宣布自任普军名义上的统帅，还把政府各部大臣和军队训练总监一同带上战场，统统给予顾问头衔。这样一来，不伦瑞克公爵和国王的智囊团就形成了双重指挥，普军统帅系统变成一种互相扯皮、互不隶属的奇怪模式，充斥着莫名其妙的外行人。虽然国王拥有最后的决策权，但问题是，国王并不懂军事。这也是为什么在 1806 年的战争中，普军的动作相比法军是如此缓慢与迟钝。

而站在这一切身后的就是乡村容克本身。乡村容克和中国东汉至南北朝时期的邬堡有很多相似之处。在欧洲大部分地区，封建领主是单纯的地租收割者，并不会过多介入乡村社会的管理以及农业生产的经营。而在普鲁士，由容克直接经营管理的庄园成为农业生产的主要形式。在普鲁士农民中，最底层的是茅屋农，只有一小块园地；其次是小农，保有很少一点非正式圃地；稍好一些的是"有能力使用耕畜"的农民。所有农民，包括其家庭成员，实际上都是奴隶式的农奴，他们为容克提供无限度的劳役和贡赋。容克本身则是生产的直接领导者与管理者，他们既是地主又是农奴主，既是军事首领又有裁判权和警察权，集立法、司法、执法于一身，成为具有全权的乡村统治者。容克庄园既是独立的经济单位，又是独立的政治单位，成为"邦中之邦"。在 19 世纪初，乡村容克事实上已经成为整个普鲁士发展的绊脚石。新兴资产阶级不满于容克们的特权，更不满于容克垄断劳动力，对现状越来越失望。

克劳塞维茨说："所有在 1806 年以前和 1806 年内注意普鲁士情况而不怀偏见的人，都会评论说，它已徒具其表，实际已经没落了。……人们听到机器还在轧轧作响，就没有人问，它是否还在工作。"

时机成熟：改革派准备完毕

集结在沙恩霍斯特周围的军事协会成员，很多并非容克阶层出身。在 18 世纪后期，随着炮兵、工程兵越来越重要，在这些技术兵种的军官团中，开始越来越多地出现非容克出身的平民军官和来自德意志其他地区的军官。如前面所说，沙恩霍斯特自己就是平民出身。其他普鲁士著名的军事改革家当中，总参谋部理论鼻祖马森巴赫出身于德意志西南部符腾堡的男爵家庭，格奈泽瑙出身于图林根的平民家庭，博因的祖先是移居东普鲁士的尼德兰人，克劳塞维茨的贵族封号也是后来才被承认的。

这些非容克出身的军官多数是技术军官。和那些出身于容克家庭的传统维护者不同，他们普遍接受法德两国的启蒙思想，认为百年来粗野愚昧的容克军队已经走到了尽头。在军事协会这样的私下社团中，青年军官们对一些十分敏感的问题进行了激烈讨论。譬如，军官仅仅骑术好、剑术好、射击好和能吃苦就足够了吗？军队的军纪是不是只有靠对惩处和军棍的惧怕来维持？这一切都预示着新的思想即将出现。

军事协会的骨干成员博因认为，对于普鲁士利用划区征兵制征召来的士兵而言，保卫祖国无异于对贫民施暴。这一观点得到军事著作家格奥尔格·海因里希·冯·贝伦霍斯特的极大赞赏。贝伦霍斯特要求废除职业军队，代之以基干部队，并以民兵作为补充。另一位军事理论家迪特里希·海因里希·冯·比洛则认识到法国步兵散兵群战术的伟大意义，认为线性战术必须加以改革。沙恩霍斯特在军事总监部的同事克利斯蒂安·冯·马森巴赫则认为，鉴于战争的多样化，应密切战争指导同政治、经济之间的关系，而且平时就应制订符合实战的战争计划。他第一个提出了建立总参谋部的设想。那位邀请沙恩霍斯特来普鲁士的勒科克则撰写了参谋部军官的工作规范。当然，建立总参谋部的设想立刻被普鲁士贵族扼杀。贵族们不欢迎总参谋部这样一个怪胎来分享他们的军权。

值得一提的是，在马森巴赫提出总参谋部设想的时候，总参谋部的雏形已经在法国出现。1794年，为了统领急速膨胀起来的新法兰西百万大军，法国第一任新型国防部长——法兰西共和国军队的建立者拉扎尔·卡诺将自己的国防部办公室建成了第一个现代化参谋部的雏形。他的办公室全部由经过技术、科学训练的杰出专业人才组成，虽然并没有指挥权和军事计划制订权，却井井有条地梳理和维持着各部队人流、物流的运转。在卡诺的领导下，法军被整编为固定编制的军和师，每个师都是具有完全战术能力的步、炮、骑合成化固定编制单位。指挥官无论到哪个师，都可以用类似的方法指挥他们作战。在此基础上，贝尔蒂埃元帅进一步制定了有关司令部勤务机构的各项原则，使参谋部成为团级以上军事单位的标配。但是，正所谓"成也萧何，败也萧何"，拿破仑的军事天才使他在全盛时期一个人就能完成总参谋部的计划与指挥工作，导致贝尔蒂埃元帅的作用基本停留在拟订、下达和传送命令的皇家军事办公厅长官这一层面上。最终导致法国人并没有设立总参谋部，而只有一个军需监察长。

与此相比，普鲁士司令部机构的改革就要缓慢多了。1803年普鲁士军需总监部被划分为3个旅，分别负责3个战区。沙恩霍斯特负责西部战区。虽然这勉强算是一个参谋部的雏形，但是国王压根搞不明白参谋部究竟是干什么的。在1806年的战争中，军需总监部的各旅被直接指派给各个军团，沙恩霍斯特也就成了不伦瑞克公爵的参谋长。不伦瑞克公爵是七年战争时期的老兵、18世纪著名的战术大师，对启蒙思想也抱有开明态度，但是他也不知道怎么使用沙恩霍斯特，只把他当作一名能干的副官。

在1806年10月14日的奥尔施塔特一战中，不伦瑞克公爵伤重身亡，沙恩霍斯特也负了轻伤。普军溃散以后，沙恩霍斯特和大队走散了，却意外遇上了那个老是在军事协会里唱反调的布吕歇尔将军。

和沙恩霍斯特一样，布吕歇尔也是普鲁士军队中的异类，但是他"异常"的方向却和沙恩霍斯特截然相反。这个出身于罗斯托克附近的冒险分子是一个放荡的浪子，酗酒、嗜烟、好色、恋赌、举止粗鲁、胡言乱语，他的战友和敌人在承认他军事才能的同时，常常也认定他的脑子确实不正常。事实上，布吕歇尔真的患有重度抑郁症和轻度精神分裂症。如果不是极端勇敢、战绩彪炳，以纪律森严著称的普鲁士军队很难容下这个狂徒。这样一个半疯的狂人加入军事协会已经够奇怪的了，更奇怪的是他的观点虽然每每与人相左却又一针见血，一来二去反而成了军事协会的常客。

格布哈德·列博莱希特·冯·布吕歇尔，绰号为"前进元帅"，勇气与疯狂在他的身上只有一墙之隔

此时，布吕歇尔正指挥麾下10000多人忙着拖拽34门重炮撤退。炮兵出身的沙恩霍斯特赶紧上前帮忙，二人一同收拢溃兵，逐散法军追兵，并组织人手把火炮拖到安全区域。尽管之前算得上是论敌，但布吕歇尔发现眼前这个"书呆子"比想象中的能干多了。沙恩霍斯特意志坚定、思维清晰、计算精准，而且还有丰富的地理与科学知识，繁复危险的撤退动作被他梳理得井井有条。在从奥尔施塔特战场撤退的漫长过程中，沙恩霍斯特每每料事如神，帮助这支溃兵一次次逃出生天。他们在20天里行军700多公里，终于暂时甩掉了法国元帅贝尔纳多特的跟踪追击，和魏玛公爵的队伍在米里茨湖东岸会合，兵力重新回升到21000人。

11月5日，布吕歇尔部抢占中立城市吕贝克，试图依托城墙坚守待援。但是普军进城时没有遵守沙恩霍斯特的放弃大炮的命令，试图把这些千辛万苦拖到这里的大炮送进城，结果在11月6日被寻踪追来的法军袭取了城门。在血腥的巷战中，沙恩霍斯特不幸被俘，布吕歇尔率军突出城市，但仍然在拉考特村被法军包围。11月7日，在确认外无援兵、突围无望的情况下，为使拉考特居民免遭兵灾，布吕歇尔向法军投降。战事结束后，法军沿着拉考特至吕贝克的道路列队，向这些与他们周旋了整整24天、转战700多公里的坚韧战俘致敬。出于个人敬意，贝尔纳多特元帅取消了转交军刀的受降仪式，允许布吕歇尔保留武器。为了纪念布吕歇尔，拉考特村将村口的一棵橡树命名为布吕歇尔树。

布吕歇尔和沙恩霍斯特在军事上的合作，是普鲁士军队历史上一个能力超凡的高级指挥官与一个具有科学知识和高度文化修养的参谋长成功合作的第一个范例。作为这一范例的延续，还有后来的布吕歇尔与沙恩霍斯特的继任者——格奈泽瑙的合作，1866年和1870年弗里德里希王子与布卢门塔尔伯爵的合作，兴登堡与鲁登道夫的合作，马肯森与泽克特的合作等。不过，这些范例的共同本质在于都是建筑在个人的素质之上，和后世其他军队高级司令部内的协作制或集体领导制有着鲜明的区别。

在1806年的战争中，改革派受创甚重。总参谋部的理论创始人马森巴赫当时担任霍恩洛厄军团的参谋长，但他却在撤退途中吓破了胆，在还没有完全绝望的情况下就建议霍恩洛厄军团投降认输。结果，战事结束后他就被解职了。勒科克在哈莫尔恩要塞向法军投降，后来同另外一些缺乏头脑和胆小懦弱的要塞司令官一起被判服劳役。

但另一些改革派军官则在战争中经受住了考验。布吕歇尔和沙恩霍斯特虽然被俘，但他们的英勇行为却得到战争双方一致的敬意。另一位改革派军官格奈泽瑙中校率普军坚守科伦贝格要塞，打退优势法军的进攻，一战成名。他在战后任要塞和工兵司令，成为军界一颗冉冉上升的新星。

如前所说，1807年，随着《提尔西特和约》的缔结，普鲁士陷入前所未有的国家危机当中。但是在沙恩霍斯特等改革派军官看来，改革的良机也已经到来。1807年7月，威廉三世在上层改革派的压力下，召回改革派大臣海因里希·弗里德里希·卡尔·冯·施泰因帝国男爵，任命其为政府大臣，将内阁全权交予其执掌。同月，在军队改革派的影响下，普鲁士成立了军事改革委员会，沙恩霍斯特上校担任军事改革委员会领导。他邀请自己的朋友和弟子——格奈泽瑙、博因、格罗尔曼加入军事改革委员会，并很快与委员会内阻碍改革的人，如国王侍从官布罗尼科夫斯基将军和博尔施特尔上校展开了激烈的斗争。改革委员会的任务是清除军官团内的失节分子，创建一支符合最新作战要求的新型军队。

第一次军事改革: 沙恩霍斯特成立参谋部和普鲁士新军

1808年圣诞节，以国王赦令的方式，普鲁士全新的最高军事机构——战争部宣告成立。这个沙恩霍斯特一手组建起来的机构隶属于施泰因创建的总内阁中的第5部。战争部取代了高级军事委员会、军需总监部等重复低效的军事机构，总督全军事务。战争部部长职务暂时空缺，由沙恩霍斯特代理。战争部下设两部：一是担负军队全部大政方针的综合战争部，由沙恩霍斯特亲自领导；一是担负军队经营管理的军事经济部，由国王亲信洛图姆伯爵上校领导。至此，普鲁士终于有了一个具有固定权限的、统一的最高军事统率机构。

综合战争部划分为3个师（处），其领导官称为"监理"。第1师负责高级军官的人事工作及有关职务事宜，并负责战争部的办公室勤务，由国王亲信阿尔布雷希特·冯·哈克上校担任监理。后来，第1师逐渐发展为直接向国王报告的军事枢密室。

第3师负责兵器监察，由已经晋升上校的格奈泽瑙担任监理。1806年普军的兵器劣势，尤其是步枪劣势是他们在耶拿和奥尔施塔特双重会战中惨败的重要因素。第3师的

◀ **法军M1777式沙勒维尔步枪射击精准、生产便捷，是19世纪初最适合大批量装备的步枪**

测试表明，当时普军装备的 1782 年式"老普鲁士人"步枪在 80 码和 160 码距离上的命中率仅为法国沙勒维尔 M1777 式步枪的三分之二。曾经用几年时间考察过美国独立战争的格奈泽瑙认为，片面强调射速而忽视射击精度的时代已经成为历史，精良的步枪是胜利不可或缺的工具。在第 3 师的监督下，全面仿制沙勒维尔步枪的 1809 年式"新普鲁士人"步枪很快装备部队。

第 2 师就是大名鼎鼎的总参谋部的前身。1807—1808 年，在沙恩霍斯特的授意下，古斯塔夫·冯·劳赫少校撰写了两份有关未来军队和参谋部组织问题的文件。劳赫主张平时的军团应由 3 个军编成，每军辖 2 个师。他还建议组建一个中央参谋部，其中应配置负责行军、宿营、补给、地图、档案等事宜的人员。此外，军和师应设立部队总参谋部，为每个军、师司令官配备一名参谋军官和副官。军队的指挥要合理分工，减轻中高级司令官在计划、组织和实施各项措施时的负担，以适应军队机构的不断复杂化。这两份文件勾勒出了新普鲁士军队及其参谋部的基本轮廓。

沙恩霍斯特亲自负责第 2 师。此时还没有"总参谋长"这一称呼，沙恩霍斯特的正式头衔是"监理"。第 2 师下设 4 个处，第 1 处负责战略战术，第 2 处负责军队内部事务，第 3 处负责补给，第 4 处负责炮兵和弹药事务。各部队的参谋部里也按照这样的职权划分设置了 4 个科。保管作战地图的"皇家地图室"也划归第 2 师管辖。

参谋部建立起来了，可又一个难题出现了：普鲁士军队缺乏足够的合格参谋军官。尽管当年的腓特烈大帝希望他的军官团成为一个有教养的群体，但直到 19 世纪初，粗野好斗仍然是普鲁士军官最典型的特征。他们大多没什么文化，管理靠军棍和鞭子，指挥靠经验和勇敢，最在乎的是声名和荣誉。但是这一切都和参谋军官的要求背道而驰。

◀ 早期普鲁士参谋军官的制服

在沙恩霍斯特看来，参谋军官必须有良好的教育，具有充足的科学知识，受过严格的军事学训练，还要有敏锐的政治头脑。他们要憎恶盲目服从和任何"迷信"，习惯于理智和正确地判断情况，而最重要的是，他们必须甘当幕后英雄，不计较声名得失。只有这样，参谋军官才能与其司令官共同担负起指挥职责。在19世纪初，这样的军官在普鲁士是真正的稀有动物。

到哪里去找这么多合格的参谋军官呢？坚定的自由主义者格奈泽瑙上校写道：

"蕴藏在一个民族内的无穷力量有多少没有发挥，没有利用啊！成千上万的人具有奇才大智，只因地位低下而不能展翅翱翔。天才辈出，而王室为什么不采取简单可靠的办法为天才开路？为什么不能不顾其出身和级别而重用才德兼优者呢？国家为什么不采取这些步骤，使国力成千上万倍地增长呢？……新时代需要的绝不只是古老的家世、爵位和羊皮纸文书，它需要充满活力的行动和生机勃勃的力量！革命发动了法国的全部国力……其他各国若想重建这种和谐，恢复均势，就必须开辟并利用同样的人力物力泉源。"

1808年，沙恩霍斯特将大部分的精力放在繁杂的军事组织工作上，试图通过革新军事教育训练，从内部完成对军官团的再造。通过对1806年前所有军事和半军事的学校以及半贵族学校和贵族军事学院的合并，普鲁士在柏林成立了步兵、骑兵、炮兵和工兵等各兵种学校，又在柯尼斯堡和布勒斯劳成立了3三所军事学校。1810年，世界上第一所培养高级参谋人员的学校，由柏林军校改制而成的柏林军事学院开始接纳新生。这些学校不再只招收贵族学生，任何阶层的青年都能入学。士兵和下级军官凭借自己的努力也能得到前往柏林军事学院深造的机会，容克在军队中的特权在形式上被取消了。而且军官晋升不再完全根据贵族出身或在战场上的突出战绩，而是要经过科学知识水平的考核。

总参谋部和各级参谋部，则为这些新型军官准备好了发挥自身才智的舞台。在挫败了无数旧普鲁士军官的竭力反对之后，利用军校和参谋部这两件武器，沙恩霍斯特总算为平民在军官团中争取社会地位达成了突破。

对于普鲁士的军事改革，拿破仑并没有做过多限制。在他看来，失去一半领土，又背负巨额赔款的普鲁士无论如何都无法继续维持它的军队。确实，虽然顶着容克集团的巨大压力，沙恩霍斯特取消了连长经理制，大幅减少了上尉或骑兵上尉以上军官的薪饷，同时增加了少尉和中尉的薪饷。这样，所有的军官都得靠一个不高的军饷来生活了，清贫和节约在军官团内开始被视为美德。但即使如此，普鲁士捉襟见肘的财

▶ 格奈泽瑙是一位坚定的自由主义者，而且惯于直陈自己的观点

政也很难再支撑起一支 18 世纪模式的常备军。

改革派中的激进分子，尤其是考察过北美民兵的格奈泽瑙认为，最好的出路是仿效大洋彼岸的美国和加拿大，建立民兵制军队。格奈泽瑙认为，18 世纪那种认为只有 10 年、20 年的长期训练才能保障军队战斗力的认知已经过时了。美国独立战争和法国大革命证明，经过短期训练的士兵同样可以像老雇佣兵一样英勇善战，甚至可能做得更好，因为他们通常有更年轻的体魄和更灵活的思维。只要为他们注入为之而战的理想和自己行动正确性的信念，民兵制也能锻造出强大的军队。

于是格奈泽瑙向威廉三世建议，在全国范围内建立民兵和国民军。凡 18—35 岁的男丁都要当民兵（义勇军），编成连、营和旅；其余全部能服兵役的男丁均编入国民军。国民军以村为单位编组，各村自选指挥官。只要敌军一入境，这些部队便立即建成，与正规军配合作战。他还认为，可以用有计划的宣传，鼓动人民为全国反抗做准备。一旦时机成熟，鼓动者便可号召全民起义，将侵略者赶出家园。

这样激进的建议当然受到了贵族们的强烈反对，他们大骂格奈泽瑙是"雅各宾分子"。威廉三世也说："只有头脑发热到狂乱程度的人才会想出这种疯狂行动，我听了都感到头晕。"

在沙恩霍斯特看来，这个国家还远远没有做好接受这种激进思想的准备，但在施泰因男爵的铁腕推动下，普鲁士仍然在以看得见的速度进步着。1807 年 10 月 9 日，普鲁士颁布《解放农奴敕令》，史称《十月敕令》。《十月敕令》以立法的形式在全普鲁士境内解放农奴。四分之三的封建义务被废除，约 4.7 万户农奴得到解放，获得了 432 万摩尔根（旧普鲁士时 1 摩尔根约等于 0.27 公顷）的土地。1808 年 11 月 19 日，普鲁士颁布《普鲁士王国各城市规程》，规定国家除最高监督权、司法权和部分警察

治安权外，其余权利归城市所有；建立市议会，年收入150塔勒（大城市为200塔勒）以上者拥有选举权。1808年11月24日，普鲁士颁布《改善国家最高行政管理机构章程》，明确了总内阁由外交、内务、财政、司法、战争五部组成，地方由省、县、乡三级政府管理，部分取消了乡村容克的地方管理特权。

容克对施泰因的改革暴跳如雷，他们诅咒："宁愿有三次奥尔施塔特，也不愿有一个《十月敕令》！"但在大部分普鲁士人当中，施泰因的改革得到了广泛的拥护。资产阶级、市民和农民均从中受益。对于他们中的很多人来说，这是第一次感觉到自己被当局所尊重。很快，普鲁士军队也加入了改革的大潮。1808年8月3日，沙恩霍斯特起草的《陆军法规纲要》正式实施，它取消了军棍、鞭刑等侮辱性体罚。格奈泽瑙在沙恩霍斯特资助出版的报纸《民众之友》上发表了《脊背的解放》一文，欢呼道："要普及义务兵役就必须首先宣布解放脊背。如果认为这点做不到，那么，我们就放弃对文明的要求，而且今后要激励士兵品行端正就只能继续依靠木棍吧，因为我们无法利用他们的荣誉感。"

总之，对于沙恩霍斯特来说，建立新普鲁士军队的时机来临了。

不同于以往那支服役期长达20年以上的雇佣军式老常备军，沙恩霍斯特的新普鲁士军队采用了一种被称为"速成兵"的制度。这支普鲁士军队不再大量雇用外国雇佣兵，所有士兵都从普鲁士人中招募，而服役期则从20年被大大缩短到4年。由沙恩霍斯特本人所编制的《新操典务实扼要》保证了短期训练的效果。恩格斯评论说："普鲁士军队的操典无疑是世界上最好的。它简单扼要，

▶ **施泰因男爵铜像。施泰因男爵拯救了普鲁士，但并没有看到他所信仰的民族主义与民主主义在普鲁士实现**

▶ 在拿破仑战争中参战的普鲁士后备军

条理分明，以几条合理的原则为依据，几乎不能希望有比这更好的了。这一操典是沙恩霍斯特的天才结晶。他大概是自拿骚的摩里茨以来最杰出的军事组织家了。"

因为害怕会刺激到拿破仑，威廉三世否决了沙恩霍斯特实行义务兵役制的建议，但允许沙恩霍斯特采取一种变通的办法，即每年退伍 2 万人，征召 2 万人。这样尽管现役兵额少，却仍然可以对大批男丁进行军事训练。沙恩霍斯特还命令各团在节假日派出军官去训练退伍者，以保持他们的作战状态。这就是普鲁士后备军最早的来源。布吕歇尔的西里西亚军团是第一个"吃螃蟹"的人，他们以制度规定军团退伍士兵为预备役，在退伍后数年内随时待命，在战时接受军团征召上阵作战。

1808 年 10 月 1 日，《民众之友》从拉斯滕堡发出的报道说：

"退伍兵的训练在这里进行得非常顺利。对这些士兵一视同仁的亲切待遇，减轻了民众对一向想象得非常可怕的兵役的憎恶。老老少少对于操练都很热心，大家排着大队，拿着射击靶去进行射击练习。在民众中，特别是在青年中，唤起了尚武精神，他们现在最喜欢玩的就是军事游戏。"

就这样，虽然发现普鲁士"不老实"的拿破仑强行限制普军不能超过 4.2 万人，但是沙恩霍斯特却把这支小型军队建成了一支基干力量，军官在军队中的比例超过十分之一，保留了 44 个步兵营、45 个炮兵营和 73 个骑兵中队。一有战事，这支军队就可以迅速扩充。1809 年，沙恩霍斯特在给威廉三世的奏章中称，普军可以随时动员起 12 万大军投入战争。到 1813 年，普鲁士可出动兵力已经达到 25 万人。就这样，凭借沙恩霍斯特等一干参谋军官的努力，在耶拿惨剧后仅仅数年时间，普鲁士军队已经重新做好了加入欧洲大棋局的准备。

暴风中诞生的新星：克劳塞维茨

就在普鲁士军力大为提升的过程中，一个年轻人开始崭露头角。1780 年，卡尔·菲利普·戈特弗里德·冯·克劳塞维茨出生在马格德堡附近的一个清贫的税务官家庭。他的祖父是一个没有贵族头衔的神学教授，去世很早。他的祖母带着克劳塞维茨的父亲弗里德里希改嫁给了一个贵族军官。利用继父的关系，弗里德里希也加入普鲁士军队当上了下级军官，并且根据与一个未经证实的、同姓克劳塞维茨的西里西亚贵族世家的关系而用起了"冯"的称号。在七年战争中，弗里德里希因伤残退役，成了小城布尔格的一名税务官。他生育了 4 个儿子，卡尔是其中最小的一个。

1793 年，年仅 13 岁的克劳塞维茨在美因茨的普军中担任军官候补生。在这里，他第一次遭遇法兰西革命军，第一次接触了启蒙思想，第一次见到人们蜂拥投效革命政权的场景。德意志"狂飙突进"运动[①]也伴随着克劳塞维茨成长的岁月。在歌德、席勒、康德、菲希特等人华美的文章和闪光的思辨当中，德意志民族意识正在曾经只是一个地缘概念的德意志数百邦国之间悄然凝聚。1798 年，席勒的巅峰之作《华伦斯坦三部曲》上演。在百年前那位佣兵之王身上，席勒演绎出德意志民族集体的呐喊：推翻封建统治，建立统一的德意志民族国家。

1801 年，21 岁的克劳塞维茨进入沙恩霍斯特开办的柏林军校，开始了为期两年的进修。这个英俊忧郁、聪明上进、沉默寡言，却又并非不擅交际的青年引起了沙恩霍斯特的注意。很快，克劳塞维茨加入了军事协会，成为沙龙中最年轻的骨干分子。1803 年，柏林军校第一批两年制学员毕业时，沙恩霍斯特按照成绩把他们分为四等。一等只有两个人，

▶ *"西方兵圣"克劳塞维茨*

---

① 指 18 世纪 60 年代晚期到 80 年代早期，在德国文学和音乐创作领域的变革。是文艺形式从古典主义向浪漫主义过渡的阶段，也可以说是幼稚时期的浪漫主义。其名称来源于剧作家克林格的戏剧《狂飙突进》。

克劳塞维茨是其中之一。经沙恩霍斯特举荐，克劳塞维茨担任了普鲁士亲王奥古斯特的副官，住进了亲王府。在这里，克劳塞维茨与大他一岁的玛丽·冯·布吕尔伯爵小姐坠入爱河。但由于门第差异巨大，这场爱情注定将是艰苦的长跑。

在1806年的耶拿和奥尔施塔特双重会战中，奥古斯特亲王与克劳塞维茨率领一个精锐掷弹兵营参加了战斗。会战失败后，亲王与克劳塞维茨率领掷弹兵营残部脱离向法军投降的霍恩洛厄军团，边打边撤，退往波兰边境。一路上，两人形成了一种"迷你型"布吕歇尔与沙恩霍斯特的关系。但是在即将逃出生天之际，他们不幸在博伊岭堡附近陷入沼泽，被法军骑兵俘虏。

由于奥古斯特亲王的特殊身份，他们在法国的拘禁生活一点没有严酷的感觉，还与法国浪漫主义前驱史达尔夫人结下了友谊。和很多雅各宾分子一样，史达尔夫人在拿破仑发动雾月政变以后就成了拿破仑的死对头。她周游了被拿破仑征服的各国，向法国人介绍这些国家的特性和历史，以及各国人民的思想，控诉拿破仑对被征服国家的暴行。她的名著《论德国》赞美了德国人民的聪明才智，介绍了"狂飙突进"运动带来的文学与哲学革命，高度评价了歌德、席勒等人的伟大贡献。大概是敏锐地感觉到这本书将进一步刺激德意志民族主义，拿破仑对《论德国》恨之入骨，下令销毁这部著作。即使日后被流放到圣赫勒拿岛，拿破仑都还在咒骂这个势不两立的敌人。

恩格斯则从另一个视角描述了德意志人对拿破仑的观感：

"拿破仑摧毁了神圣罗马帝国，而且以并小邦为大邦的办法减少了德国小邦的数目。他把他的法典带到被他征服的国家里，这个法典比历来的法典都优越得多，它在原则上承认平等。拿破仑强迫一向只为私人利益而生活的德国人去努力实现伟大的理想，为更崇高的公共利益服务。但是，正是这一点弄得德国人都起来反对他。正是由于他采取了把农民从封建压迫下解放出来的措施，所以引起了农民的不满，因为他触犯了他们的偏见和他们的古老习俗。正是由于他采取办法替德国的工厂工业打下基础，所以引起了资产阶级的不满，因为禁售一切英国商品、和英国进行战争虽然促使德国建立自己的工业，但是同时也引起了咖啡、食糖、烟草和鼻烟价格的暴涨，当然这就足以引起'爱国'的德国店铺老板们的愤怒了。"

1807年，克劳塞维茨返回普鲁士期间，拿破仑变成了德意志民族的公敌：民族主义者认为他是压迫全德意志的元凶；在贝多芬这样的雅各宾分子眼中他是背叛理想的叛徒；保守派则认为拿破仑在羞辱他们的传统。在德意志的每一个邦国里，知识分子讽刺歌功颂德的官方公报，资产阶级对强征军税满腹怨言，市民抱怨大陆封锁政策

▲ **拿破仑的加冕大典。拿破仑称帝大大地激怒了自由主义者。贝多芬将第4交响曲《英雄》首页上献给拿破仑的祝词抹去，潦草地写上"纪念一位死去的英雄"**

带来的消费品短缺，打了败仗的军人则处心积虑要报仇雪恨……

1809 年，拿破仑在西班牙和奥地利两条战线上陷入苦战。入侵西班牙的 10 万法军被西班牙游击队和威灵顿公爵率领的少量英军搅得鸡飞狗跳；而在奥地利的埃斯林根战役和瓦格拉姆战役中，拿破仑亲自率领的法军主力遭到奥军重创，损失惨重。这支在 1805—1807 年横扫欧陆恍若无敌的雄师似乎变得疲倦而迟钝，以往那些充满着锐气和灵巧的战役机动与战术突击似乎消失了，战斗越来越依赖数量和火力。历史学家们对法军为何突然变得暮气沉沉有很多种看法，有人说是法兰西军队的军阀化，有人说是革命斗志的消散，有人说是兵源成分的复杂化，有人说是老兵的消耗，也有人说是上帝收走了拿破仑本人的军事天才。而拿破仑自己的说法，可能最具有代表性：

"这已经不是奥斯特里茨会战时的士兵了。"

此时，已经成为沙恩霍斯特办公室主任的克劳塞维茨和他的改革派朋友们，热切地希望普鲁士重新投入反对拿破仑的战争中。在他们看来，这场战争不仅将是普鲁士的雪耻之战，更将是德意志（至少是北德意志）民族的解放之战，而普鲁士将领导这场德意志民族主义者们渴望已久的革命。沙恩霍斯特在上呈给威廉三世的奏折中提交了一整套反法计划，布吕歇尔主动请缨跨过易北河收复失地，最为狂热的格奈泽瑙甚至撰写了《北德全民武装起义反抗法国》一文。比起他们，普军中的中下级军官们更加激进。柏林勃兰登堡骠骑兵团的冯·希尔少校反出普鲁士，率领他的追随者向拿破仑后方进军。这次堂吉诃德般的进军很快遭到镇压，希尔少校也阵亡了。但希尔的行为却得到德意志人的广泛同情，成为民族英雄。热血沸腾的克劳塞维茨决定加入奥地利军队抗击法军，要不是奥地利在瓦格拉姆战役后决定求和，他就真的成行了。

很难说普鲁士国王威廉三世究竟是害怕拿破仑更多一点，还是害怕民族主义热情更多一点。对于这位过分冷静、生性怯懦的国王而言，无论是军官们挑战拿破仑的狂热，还是施泰因男爵解放农奴的改革都让他心惊肉跳。1808 年 11 月 24 日，在拿破仑的严厉要求下，国王将施泰因男爵免职并驱逐出境。讽刺的是，在一年多以前，正是拿破仑钦点的施泰因男爵担任政府大臣，因为他认为只有施泰因男爵有本事为普鲁士筹足赔款。以施泰因男爵的去职为开端，拿破仑加紧了对普鲁士的监视，强迫威廉三世清除政府和军队中的反法分子。改革派走得太远了，拿破仑已经看出他们是反抗运动的发起人，他说："普鲁士的雅各宾党人隐藏在普鲁士军队里。在法国，是平民搞革命，而普鲁士却是军队搞革命。"

在拿破仑的打击下，改革派损失惨重：后备军训练被迫取消，布吕歇尔无奈地离开军队；格奈泽瑙去职，前往英国、瑞典、俄国三国"考察"；格罗尔曼加入了奥地利军队，在奥地利求和后又被迫远走西班牙；沙恩霍斯特也引起了皇帝的疑心，威廉三世只得免去他综合战争部部长之职，专任第 2

◀ 1809年的普鲁士骠骑兵

师（总参谋部）监理。

此后，国王心腹冯·哈克上校担任综合战争部部长，但在国王的授意下，他仍对沙恩霍斯特言听计从。反对军事改革的容克们趁机散布流言说沙恩霍斯特正在策划一场颠覆活动。幸运的是，谨慎的国王并未采信这种无稽之谈。

上层的风暴并没有波及克劳塞维茨。1810 年，30 岁的克劳塞维茨晋升少校，并成为新成立的柏林军事学院战略战术课教官，还担任了王太子的军事侍讲。少校军衔意味着克劳塞维茨成为中级军官，在收入和社会地位上具备了与玛丽·冯·布吕尔伯爵小姐公开恋情的条件。这场婚姻让柏林上流社会诧异不已。美丽动人的伯爵小姐长袖善舞，出身显赫，其父曾是威廉二世的侍从武官长，伯爵小姐本人则是路易王后身边的红人，后来还做了王后的侍官长。究竟哪一位王公贵族有幸迎娶这位 31 岁仍未嫁的佳人一直是上流社会的热门话题。当年 12 月 17 日，在朋友们的祝福下，克劳塞维茨与玛丽举行了简朴的婚礼。

此时，还没人意识到这场苦尽甘来的爱情将带来什么。

化身为刃：结束拿破仑战争

1810 年，卡尔·奥古斯特·冯·哈登贝格伯爵被任命为普鲁士首相。这一任命是拿破仑与威廉三世妥协的结果。与施泰因男爵一样，哈登贝格伯爵是个拿破仑最讨厌的硬骨头改革派。但是威廉三世告诉拿破仑，在整个普鲁士，除了已经被驱逐的施泰因，只有哈登贝格有本事筹集他索要的赔款。看在钱的分上，拿破仑让步了。

哈登贝格继续执行施泰因的改革政策，并竭尽所能地配合沙恩霍斯特的军事改革。和以铁腕推进改革的施泰因不同，哈登贝格更加圆滑实际。施泰因的《十月敕令》强行解放农奴，激起了容克们的群起反对，导致其实施起来困难重重。为了保障容克的利益，哈登贝格在 1811 年颁布的《调整敕令》中规定农奴必须向容克赎买自由和土地。这样，在农奴得到土地与自由的同时，容克们则得到大笔资金用于向资产阶级转化。最后，容克成为农民解放的最大获利者，农奴成为无产阶级被赶进工厂。几经反复，一直到 19 世纪 40 年代，普鲁士才基本消灭了农奴制。哈登贝格还通过《工业敕令》《财政敕令》《工业税敕令》废除了旧行会对工商业的控制，为普鲁士经济注入了新鲜血液，也为普鲁士政府广开财源。

1811 年，欧洲在经历了两年的平静之后再次风起云涌。由于沙皇拒绝参与针对英国的大陆封锁政策，拿破仑决定先征服俄国，并要求普鲁士为这次大规模东征提供一个 2 万人的辅助军团。几经犹疑，威廉三世和哈登贝格决定答应拿破仑的要求。这一决定引起了军官们的暴怒，正在斡旋普俄联盟的沙恩霍斯特当即辞职抗议。1812年 2 月，改革派军官们发布了著名的由克劳塞维茨执笔的《三个信条》，与国王公开决裂。在这份"德意志民族解放纲领"当中，克劳塞维茨指控国王"可耻地亡国"，指控贵族官僚"是最腐朽的"。他写道：

> "我摈弃：把得救的希望轻率地寄托在偶然事件上……幼稚地希望以自愿缴械来抑止暴君的愤怒，以卑鄙的恭顺和谄媚博取他的信任……

> "我相信并且认定：一个民族必须把自己生存的尊严和自由看得高于一切；它应不惜流尽最后一滴血来保卫其尊严和自由……

> "我对当代和后世声明并明确表示：……如能在为祖国的自由和尊严而进行的光荣战斗中成仁，将是我的莫大幸福！

> "我把这份薄薄的文件放在历史的圣坛上，我坚信，如果时代的风暴把它吹落，将来这个寺院的可敬的僧侣会小心谨慎地把它拾起来，收进动荡不宁的国际生活的年鉴里。那时，后世就会判决，宣告那些与堕落的潮流勇敢地战斗并虔诚地对待责任的人是无罪的。"

1812 年的俄国战役中，出现了前所未见的奇景，普鲁士改革派军官——格奈泽瑙、博因、克劳塞维茨等数十人成建制地出现在沙皇亚历山大的宫廷里。施泰因男爵在彼得

◀ **哈登贝格铜像。哈登贝格伯爵愿意为普鲁士牺牲一切，但在1812年他最终选择隐忍不发**

▲ 斯摩棱斯克会战。拿破仑说，斯摩棱斯克城下的血战是他一辈子心惊肉跳的梦魇

堡创立了德意志委员会，它成为所有自愿来到俄国抗击拿破仑的德意志人的政治首脑机关。奥尔登堡公爵弗里德里希·奥古斯特受施泰因男爵之托开始组建著名的俄德军团，克劳塞维茨也加入其中。在那场欧洲历史上空前惨烈的恶战中，普鲁士军官们在库图佐夫麾下见证了拿破仑征俄大军的毁灭，其中很多人还献出了生命。

　　1812 年 12 月 24 日，克劳塞维茨作为俄军特使与普鲁士辅助军团司令官路德维格·冯·约克将军在陶罗根附近会面。克劳塞维茨和约克将军算是老熟人，这个老派普鲁士贵族是沙恩霍斯特军事改革最顽固的反对者。克劳塞维茨认为约克看上去质朴持重，骨子里却阴险狡诈、不择手段，简直是最典型的容克贵族。后者可以为了个人荣誉轻易地驱使士兵送死，但绝不会为拿破仑牺牲自己的性命。克劳塞维茨告诉约克，拿破仑早就打算牺牲掉普鲁士人好掩护自己逃跑。一番犹豫之后，约克违反国王的命令，率领普军投入俄军阵营，史称"普鲁士革命"。虽然约克本人听到"革命"就要犯高血压。

随着战争局势的迅速发展，威廉三世最终认可了约克的作为。1813年3月，国王召回沙恩霍斯特、布吕歇尔、格奈泽瑙等人，宣布实行普遍义务兵役制，组建后备军，对法国宣战。布吕歇尔受命指挥包括4万普军和5万俄军的西里西亚军团，沙恩霍斯特担任他的参谋长。普鲁士反抗拿破仑的战争开始了！

这是改革派军官们梦寐以求的战争，却也是代价惨重的战争。在1813年春的大戈尔申战役中，沙恩霍斯特不幸负伤，于6月28日因血液中毒去世。"普鲁士的雅各宾派"失去了他们的导师与领袖。格奈泽瑙接替沙恩霍斯特继续配合布吕歇尔指挥西里西亚军团。在莱比锡战役中，西里西亚军团的大胆突击粉碎了拿破仑的突围计划，迫使拿破仑不得不退位并被流放厄尔巴岛。在1815年的滑铁卢战役中，格奈泽瑙更是代替负伤的布吕歇尔指挥普军，以一个出乎常理的机动摆脱了法军格鲁希元帅的纠缠，赶到滑铁卢战场，完成了决定拿破仑命运的重要一击。

在此期间，博因被任命为首任战争部长，而之前战争部长一职长期空缺。经过博因的艰苦斗争，国王终于在1814年9月2日颁布了新的兵役法。新的兵役法规定在普鲁士实行普遍义务兵役制，整个武装力量由常备军、后备军和国民军三部分组成。每个身体合格的国民在适龄的情况下都要进入常备军服役，服役期为5年（3年现役，2年预备役）。超过服役年龄的人组成象征民众武装的后备军和国民军。后备军是博因的得意之作，是他对沙恩霍斯特与格奈泽瑙理想的发展创新。后备军由从预备役退役的老兵组成，服役14年，每年集中训练，战时可以迅速扩充成军。后备军前7年为第一类后备军，征集后补入野战军作战；后7年为第二类后备军，征集后担任要塞守备。国民军则是民兵部队，战时担任治安维持、后勤保障等辅助工作。普鲁士的8个省，每省的军队编成一个军，各省军队司令官即军长，直属于国王，并有权直接向国王呈送报告。这样，普军总共有8个军，共12万常备军、8万预备役、28万第一类后备军，总兵力近50万人。恩格斯评论道："（普鲁士兵役制度的）基本思想显著地高于所有实行征兵制的国家所采取的雇佣代役者的原则。"保守的贵族们把博因的后备军视为眼中钉。在他们看来，其军官团中的大部分平民出身的人都是具有自由主义思想的"雅各宾分子"。

除了博因，沙恩霍斯特的另一名弟子卡尔·威廉·冯·格罗尔曼出任了第2师监理。在他治下，第2师被划分为3个处，分别负责3个战区的事务。负责西部战区的处，主要负责处理有关德国西部和法国的事宜；中部战区处负责处理南部各德意志邦国和奥地利的有关事宜；东部战区处负责监督俄国动态。为进行三角测绘和制图工作，

▶ 1812年的普鲁士步兵制服。左为掷弹兵，右为列兵

第2师特别设了2个处——三角处和地形测量处，此外还设立了1个战史处。普鲁士新编的8个军中，每个军派驻1名总参谋部军官，担负作战、补给和情报勤务。每个师也派驻1名总参谋部军官。还有6名总参谋部军官被派驻各国驻外使馆，开辟驻外武官的先河。

通过在和平时期进行情报收集、地形测绘和军事计划等工作，第2师在普鲁士职权构架中担负起了不可替代的角色。他们越来越倾向于自称为"总参谋部"而非第2师。至此，马森巴赫和沙恩霍斯特关于总参谋部的设想终于在格罗尔曼手中形成了定制。

然而，克劳塞维茨却没能在时代的洪流中实现自己的理想。作为《三个信条》的执笔者，克劳塞维茨成为威廉三世以及整个普鲁士保守派的眼中钉。大戈尔申战役后，格奈泽瑙要求克劳塞维茨做他的助手，被威廉三世粗暴拒绝。国王拒绝恢复克劳塞维茨的普鲁士军籍，这使他只能穿着俄军军服继续战斗。1813年，克劳塞维茨和由旅俄德意志人编成的俄德军团一起加入了瑞典王储瓦尔莫登指挥的北方军团。在这个战争的次要方向上，他成为王储的参谋长，因战功晋升上校。一直到1814年4月，拿破仑被放逐到厄尔巴岛之后，俄德军团才重归普军。由于瑞典王储、俄国沙皇、普鲁士王后都为他说话，克劳塞维茨终于接到了普鲁士上校的委任状。他的新职位是第3军参谋长，辅佐梯尔曼将军。他在这个职位上一直干到百日王朝灭亡，拿破仑战争彻底结束之后。

1815年10月，根据第二次《巴黎和约》，拿破仑被流放到大西洋上的圣赫勒拿岛，欧洲终于走出了拿破仑战争时代，也走出了大革命的时代。在全欧洲王公贵族们弹冠相庆的时候，"普鲁士的雅各宾党人"却并没有尝到胜利的喜悦。在瓜分胜利果实的维也纳会议上，德意志再次成为王侯们宰割的猎物。在德国统一问题上，奥地利首相

▶ 奥地利外交家克莱门斯·冯·梅特涅公爵，他一手摧毁了德意志统一的可能性，开启了欧洲的"梅特涅时代"

克莱门斯·文策尔·冯·梅特涅公爵成为施泰因男爵最为凶恶的对手，沙皇亚历山大则是他的帮凶。奥地利坚决反对德意志统一，甚至连奥地利领导的德意志都不想要。对于沙恩霍斯特的新普鲁士军队，梅特涅更是恨之入骨。他认为，军队是统治者手中的器械，是必须盲目服从的工具。但是，沙恩霍斯特和格奈泽瑙却号召每个战士发挥其政治觉悟。那么今天他们会在民族大义的旗帜下一致对外，谁能保证明

天他们不会把枪口对准贵族们？曾经庇护过普鲁士改革派的沙皇亚历山大这次站在了梅特涅一边。他赤裸裸地威胁说："真不知道是否还有一天必须援助普鲁士国王对付他自己的军队。"现在，德意志变成了敌人，法国反而成了被扶持的对象。格奈泽瑙提出的将阿尔萨斯和洛林①割让给南德意志国家，以及建立一个强大的比利时作为缓冲国的提议全部被否决。换了主子的法国保持了领土和国力的完整，仍然是德意志统一最大的绊脚石。

1815 年 4 月，面对风云诡谲的局势，克劳塞维茨忧心忡忡地写道："波拿巴是可以打败的，但却无法战胜我们自己的怯懦。钢铁经过符尔坎②的锤击会变形，柔韧的海绵则永远保持它的原形。我害怕的是没有任何进步，老一套又卷土重来。"

群星陨落：改革派重要人物相继离世

1816 年，根据维也纳和会的精神，拿破仑战争结束后 36 个德意志邦国共同组成

---

① 富饶且战略位置极其重要的阿尔萨斯和洛林历史上是德意志的土地，但在 17 世纪的三十年战争后被法国强占。
② 罗马神话中的火神和锻冶之神。

了一个松散的"德意志邦联"。这个邦联没有议会，各邦国拥有完全的自主权，由奥地利总理的邦联会议领导，定期在法兰克福开会议事。事实上，哈布斯堡家族的皇帝经常代表着"总理使者"领导议会，操控邦联的大权。德意志邦联事实上是哈布斯堡家族操控德意志事务牟利的工具，也是普鲁士与奥地利明争暗斗的大舞台。

这个邦联甚至连自己的旗帜都没有。梅特涅公爵说："愿上帝保佑我，像战胜世界的侵略者那样去粉碎德意志的革命。"当拿破仑不再是欧洲的威胁之后，那些曾经帮助贵族们保住他们荣华富贵的力量再次成了他们必欲拔之而后快的眼中钉、肉中刺——吕佐夫的志愿军、民族主义者的社团、宣讲自由主义的大学教授以及"普鲁士的雅各宾党人"。

在打败拿破仑的战争中居功至伟的格奈泽瑙并没有得到他应得的封赏。他被命令指挥普鲁士新获得的莱茵省驻军，军部设在科布伦茨，年仅35岁的克劳塞维茨上校担任他的参谋长。这座莱茵河畔的美丽城市很快变成了自由民族主义者的首府。因反对国王推迟组建议会而退休抗议的施泰因男爵也常常拜访这里，与格奈泽瑙和克劳塞

▼ **吕佐夫志愿兵。吕佐夫志愿军是普鲁士路德维希·阿道夫·威廉·冯·吕佐夫男爵于1813年2月成立的志愿军部队，由来自德意志各邦的志愿者组成，别号"黑色猎人"，于1814年解散**

维茨把酒言欢。柏林宫廷半嘲讽半恐惧地将科布伦茨的社交圈称为莱茵河畔的"华伦斯坦的阵营"①。

1816 年，失望透顶的格奈泽瑙辞职归隐。1819 年，战争部长博因和第 2 师监理格罗尔曼相继去职，代表着改革派的黯然退场。1820 年，威廉三世的亲信弗里德里希·卡尔·冯·米夫林中将被任命为第 2 师监理，为了突出米夫林的政治地位，威廉三世于 1821 年替他加封了一个新官衔——"总参谋长"。1825 年，第 2 师正式从战争部独立，改称总参谋部，米夫林成为第一任总参谋长。在之后的岁月里，战争部的作用逐渐下降，军事枢密室和总参谋部的作用逐渐上升，最终形成了三足鼎立的格局。

从业务角度来说，米夫林是一个优秀的参谋军官，曾经在格奈泽瑙的司令部中担任军需总监。在他的领导下，总参谋部在专业上的能力有了进一步提升。他创造了用

▼ *沙盘。运用沙盘进行"图上演习"是米夫林的总参谋部留下的遗产*

① 这是《华伦斯坦三部曲》的第一部，表现华伦斯坦的部下在军营中夸耀华伦斯坦的武功，抒发各阶层人物的政治观点，高唱自由的凯歌。

地图和沙盘进行"图上演习"，这成为日后司令部演习的重要组成部分。米夫林还大大扩充了军校教育的内容，引入语言、哲学、历史、数学、自然科学等方面的课程，甚至比军事专业课的课时还要多。

唯一被打入冷宫的是政治学。米夫林认为，沙恩霍斯特培养"政治军官"的思想有害无益。显然，这是他与威廉三世的共识。国王再也不能容忍下一篇《三个信条》了。普鲁士军队不欢迎雅各宾分子，国王和贵族们希望军队实现非政治化，成为统治者最为可靠的后盾。自由主义也好，民族主义也罢，必须从军队的头脑中清除出去。军人的天职只有服从，国王指到哪里，军队就要打到哪里。

此时，《三个信条》的执笔者本人，正在柏林军事学院的办公室中忧心忡忡地注视着这个国家的改变。1818 年，在格奈泽瑙的推荐下，38 岁的克劳塞维茨就任柏林军事学院院长，并荣升少将。这让他成为普鲁士最年轻的将军。在旁人看来，国王对这位声名鹊起的军事理论家可谓恩宠有加。但是克劳塞维茨很快发现，他的新军衔和新职位不过是一座华丽的牢笼，国王仍然在惧怕他。格奈泽瑙曾说，沙恩霍斯特是新普鲁士军队的耶稣，自己是耶稣最能干的门徒彼得，而克劳塞维茨则是耶稣最亲密的门徒——写下《启示录》的约翰。军校校长这个职务是一个行政职务，既不能亲自教学，也不能对教学大纲施加影响。学校的学术领导权由研究委员会掌握。克劳塞维茨每天只能埋头于文山会海之中，无所事事地虚度光阴。

不能领导学术，也不能亲自传授，克劳塞维茨只能将全副精力投入到《战争论》的撰写当中。在他当柏林军事学院院长的 12 年间，他将整整 10 年的时间投入到了这部巨著当中。《战争论》是对沙恩霍斯特、格奈泽瑙、博因等整整一代普鲁士改革派军人思想的总结，也是以康德、费希特、黑格尔[①]为代表的德国古典哲学在军事学领域的投影。在约米尼把他的《战争艺术概要》写成 19 世纪通行教材的同时，克劳塞维茨在孙子之后，首次将军事思想上升到哲学思辨的高度。同时，《战争论》也是克劳塞维茨对民族命运最深沉的忧虑，以及对坚硬现实的愤然碰撞。

1830 年，法国波旁王朝被七月革命推翻，革命的旗帜再一次飘荡在欧洲大陆上空。紧接着，比利时推翻了尼德兰的统治，波兰起义者占领了华沙。惊恐的普鲁士终于想起了自己曾经的保卫者。1830 年 8 月，年届 50 的克劳塞维茨被起用为第二炮兵监察部的炮兵总监，至此，他未尽的创作生涯告一段落。紧接着，1831 年初，为了应对

---

① 黑格尔本人甚至算得上克劳塞维茨的朋友。

波兰起义，71 岁的格奈泽瑙元帅①被任命为东部战区总司令，由克劳塞维茨担任他的参谋长。

1831 年注定是让普鲁士哀伤的一年。6 月 29 日，拯救了普鲁士王国的改革家、一生致力于德意志统一的施泰因男爵因病去世。7 月，一场霍乱越过国境线进入普鲁士，无数人病倒了。8 月 21 日夜间，格奈泽瑙被发现染上霍乱，第二天便与世长辞。11 月 14 日，德国古典哲学集大成者、克劳塞维茨哲学上的导师、61 岁的黑格尔在柏林因霍乱去世。两天后，克劳塞维茨在办公室被发现染上霍乱，9 个小时之后，西方兵圣在妻子玛丽的怀中静静地走了。

克劳塞维茨死后，玛丽强忍悲痛，开始整理克劳塞维茨长达 3000 页的手稿。在 28 年漫长的爱情当中，他们既是伴侣，又是朋友，更是知己。在克劳塞维茨十年面壁的创作生涯中，玛丽还是他的书记员。很难想象《战争论》那些钢铁的思辨和鲜红

▼ **纪念法国七月革命而创作的油画作品——《自由引导人民》。梅特涅捆绑在欧洲大陆上的枷锁不到20年就被新的革命扯碎了**

① 格奈泽瑙于 1825 年晋升元帅，但是没有实权。

的篇章竟然是用女性娟秀的笔迹写下的，就像我们很难想象这部改变了历史，导演了19—20世纪无数尸山血海的兵学"圣经"，竟然是一场完美爱情的结晶。1832—1837年，《卡尔·冯·克劳塞维茨将军遗著》共10卷陆续出版，其中前3卷共8篇124章就是《战争论》，后7卷是战史著作。

《战争论》被称为最难读懂的军事著作之一，或许没有"之一"。研究者为作者晦涩曲折的论述摸不着头脑，更为其前后矛盾的观点大惑不解。当他用了一个标题"最大限度地使用力量"之后，下一个标题马上就是"在现实中的修正"，并接着谈"战争绝不是孤立的行为"，"这种双方都存在的缺陷就成为一种缓和因素"。于是，暴力到底有没有限度，力量到底需不需要缓和，这样矛盾的论述足以让读者抓狂。《间接路线战略》的作者利德尔·哈特认为："《战争论》俨然是一座充满哲学理论的迷宫，读者当中很少有人能够真正把握其逻辑路线，或者深入其理论境界而不致迷失方向。"

这一点并不奇怪，因为克劳塞维茨的过早去世，《战争论》实际上是一部半成品。尤其是1827年，克劳塞维茨对全书进行了一次大范围修订，但实际上只完成了一小部分。1830年，当克劳塞维茨启程赴任炮兵总监时，他在打包完成的手稿上留言：

"在我死后，人们将会发现这些论述大规模战争的手稿，像目前这个样子，只能看作是对那些用以建立大规模战争的理论材料的搜集。其中大部分我是不满意的。而且第六篇还只能看作是一种尝试，我准备对这篇进行彻底改写并另找论述的方法。"

一百多年来，人们对《战争论》的研究充满了种种错误认识，其中相当部分的误读还是致命的，是南辕北辙的。尤其在德国，人们真正理解的《战争论》实际上是经由毛奇"注解"过的版本，正如朱熹所注解的四书一样。

我们很难想象这位奇才是带着何等的遗憾离开人世的。当他活着的时候，理想并未实现；死了以后，灵魂仍然未被照亮。他的思想为人们所扭曲误解，甚至成为灾难的柴薪。他的书没有成为

▶ **克劳塞维茨夫人——玛丽·冯·克劳塞维茨**

救赎德意志民族的灯塔，反而成为预示毁灭的"启示录"。

1836年1月，玛丽·冯·克劳塞维茨因患神经热病故。人们把她安葬在丈夫的身边。墓碑上用拉丁文刻着这样的铭文："痛苦的死亡不能将爱情割断。"

第二次军事改革：毛奇创立大规模的总参谋部体制

当赫尔穆特·冯·毛奇在1857年接任总参谋长之职时，这支普鲁士军队早已背弃了沙恩霍斯特的初衷。普鲁士军官团中尽管平民出身的军官人数迅速增多，但在军事改革之后仍重蹈覆辙，军官团的状况并没有多大改观，平民出身的军官也慢慢被容克阶层同化。自实行义务兵役制后，军队逐渐成了塑造民族的学校。但军队依然是国王的军队，是防范暴乱和任何具有自由主义倾向批评的坚强堡垒。这座"民族学校"不久便陷入可悲的境地，他们将自己的子弟培养成置身于时代潮流之外、对抗任何具有时代精神的人。对自由主义者来说，军队成了进步的敌人，成了使人厌恶的权势的化身。

在1848年的柏林革命中，军队坚定地站在国王一边，对起义者厉行镇压。这让军队在社会上的名声坏到了极点。当时，在大部分欧洲人看来，普鲁士军队又退回到18世纪那支令人生厌的武装力量。尽管这支军队仍然在使用普遍义务兵役制，但是逃役的情况越来越常见。被寄予厚望的后备军制度正在丧失实战机能，演变成吹牛谈天的乡村俱乐部。

之后的奥尔米茨之耻更使普鲁士军队被人轻视。

1848年革命的另一个影响是德意志邦联走向瓦解。当时的普鲁士国王腓特烈·威廉四世趁机于1850年成立了由普鲁士领导的埃尔福特联盟，以期统一德意志北部和中部各邦国。奥地利首相费利克斯·施瓦岑贝格立刻作出反应，利用黑森革命问题进军黑森，向普鲁士下达最后通牒，要求普鲁士放弃没有奥地利的小德意志方案。战争一触即发，普鲁士宣布总动员。这是拿破仑战争结束后普鲁士第一次实施总动员。但是，这次为期8周的总动员却成为一场灾难。动员工作极其混乱，军队组织一塌糊涂，士兵们既没有武器，也没有粮草，更缺乏训练，尤其是后备军简直毫不堪用。敌人大兵压境，己方战备情况却一塌糊涂，威廉四世只得在当年11月29日签署屈辱的《奥尔米茨条约》，取消埃尔福特联盟，重建奥地利主导的德意志邦联。《奥尔米茨条约》的签订让普鲁士的声誉跌到了谷底，更令民族主义者大失所望。普鲁士人将《奥尔米

▲ **1848年的柏林革命。黑、红、金三色旗下的法兰克福议会试图推举普鲁士国王威廉四世为德国皇帝，但威廉四世说"我不能捡掉在下水沟的王冠"**

茨条约》视为与《提尔西特和约》并列的国耻。

1857年，普鲁士国王威廉四世中风偏瘫，随后又精神失常。他没有子女，其弟威廉·腓特烈·路德维希于1858年出任摄政王。1861年，威廉四世去世，威廉·腓特烈·路德维希正式加冕为普鲁士国王，史称威廉一世。

和一生充满矛盾与犹疑的兄长不同，威廉一世具有典型的普鲁士军人性格，虽然恩格斯认为他并非一个优秀的指挥官，但他至少具有军人的顽固与血洗奥尔米茨之耻的勃勃野心。1848年，他就曾因镇压革命而被称为"霰弹亲王"。1857年10月20日，根据军事枢密室卡尔·冯·毕典菲尔特中将的建议，威廉一世启用赫尔穆特·冯·毛奇少将担任总参谋长，1859年又任命阿尔布雷希特·冯·罗恩中将担任战争部长和军队改组委员会委员。罗恩和毛奇的任务是在尽量短的时间内对再次走向腐朽的普鲁士军队进行第二次改革，为血洗奥尔米茨之耻、统一德意志提供一支强大的军队。

1800年，毛奇出生于易北河畔的小城帕希姆的一个没落容克家庭。他11岁就被送进哥本哈根皇家军校开始了军人生涯。1822年毛奇加入普鲁士军队，1823年进

▶ 赫尔穆特·卡尔·贝恩哈特·冯·毛奇

入柏林军事学院学习。在这里，毛奇疯狂地学习，以至于影响了他的健康，不得不辍学疗养。由于经济拮据，毛奇于1826年开始写小说和军事论文补贴家用。1828年，毛奇发表了《论军事测绘大纲》，受到军界重视，被调到总参谋部地形测量处工作。在这里，他接受了克劳塞维茨的军事思想，并融合自己对军事地理的思考，形成了被后世称为"军事地理学派"的自成一体的军事理论。毛奇认为，拿破仑时代的缺点是没有一个融合指挥、组织、情报、后勤保障于一体的战争组织来进行战争行动，全靠个人的筹划和决心指挥作战；在19世纪科学技术飞速发展、国家力量不断增强、战争规模迅速扩大的情况下，这样的战争组织模式即将过时。

毛奇的预言很快在克里米亚战争中应验。在这场英、法、奥斯曼土耳其三国联手对抗俄国的战争中，双方军队的表现都堪称灾难。英法这两个欧洲最先进的国家，虽然手持19世纪50年代最先进的线膛枪，驾驶着划时代的螺旋桨蒸汽战舰，但整场战争无论是组织还是指挥都是一团糟。士兵们在前线没吃没喝，缺医少药，武器弹药也总是供应不上，非战斗减员是战斗减员的数倍，可敬的南丁格尔女士要靠偷窃才能给她的伤员搞到少许药物和食品。联军能打赢这场战争完全是因为对面的俄国人更加糟糕。俄军中世纪水平的补给线导致物资运输成本竟然比远赴重洋而来的联军还要高，以致前线直到战争结束才领到新式线膛枪。

毛奇认为，现代战争的组织和指挥不能再单纯依靠个人的天赋和才华，必须创立大规模的总参谋部体制。总参谋部应当在战争期间成为总司令（国王）"唯一的顾问"，由它制订战略和策略，协调军力和物力，统一军事行动的指挥。在毛奇执掌总参谋部以前，总参谋部虽然已经成为可以和军事枢密室、战争部三足鼎立的独立机构，但是却不能参与军队管理、集结和部署事务，很大程度上只是一个咨询机构。在1850年，总参谋部就被头头脑脑们弃置一旁，这是导致奥尔米茨之耻的重要因素。为了适应战争的需要，毛奇对总参谋部进行了大规模扩充，军官总数由 1858 年的 64 人扩充到 1867 年的 109 人，1870 年更进一步扩充到 135 人。总参谋部军官的选拔极其严格。进入柏林军事学院进修参谋专业的军官至少要有 3 年服役经验，其选拔比例大致为 1：3。经过 3 年学习之后，他们要返回原部队任职，约 1 年以后再筛选其中 10—20 名佼佼者在总参谋部进行 1—2 年的培训，并接受总参谋长的亲自指导，合格者才能进入总参谋部工作。在总参谋部任职是普鲁士军官最大的骄傲。

总参谋部分工如下：

中央处：处理总参谋长"职权范围之内或之外同有关单位和个人"的往来函件；

▼ 对于在伤痛中呻吟的士兵而言，"提灯女神"弗洛伦斯·南丁格尔是救赎的希望。不过英国当局却指责南丁格尔独断专行，破坏制度

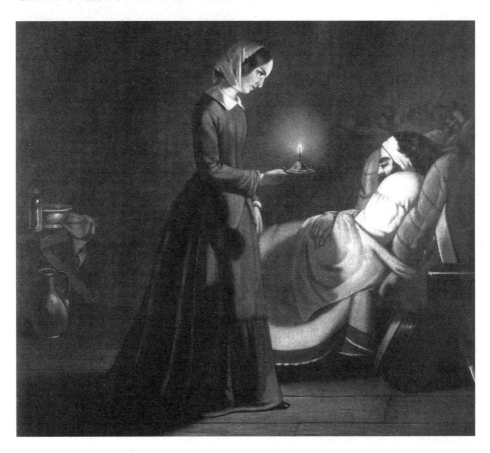

掌握"整个总参谋部的经济事务，以及军官和总参谋部官员的个人事务"。

第一处："收集和整理有关资料，提供有关外军的情报"。

第二处：收集和提供有关国内军事力量和资源情况的情报。

第三处：职责与第一处相似（除有关外军情报外）。

第四处：研究技术性的问题和涉及围攻战的问题。

军史处：收集与整理其职责范围内的一切资料；评述以往的战争；管理战争档案和总参图书馆。

兵要统计处：对战时有重要意义的一切地区编制军事地理资料；编制总参谋部工作所必需的地理与统计材料；管理本处人员绘制的地图。

测绘局：分三角测量科、地形测量科、制图科，主管军事测量和绘图。

铁道处：其职责包括战时军运的准备；实施作战有关的部队军运；负责后备役人员到部队的运输；训练在军用铁路系统中工作的军官；依据军事观点审查线路的设计；收集国内外铁路统计资料以及与军用铁路系统有关的其他一切材料。

铁路处代表着普鲁士军队对科技进步的全新理解。让铁路服务于军事行动并非普鲁士首创。在1859年的法、意、奥战争当中，法奥双方就都使用了铁路来将自己的部队快速运送到战场。但是，令双方尴尬的是，他们在使用铁路运输时都只考虑了一次性运输，于是到达前线的双方军队居然一同陷入挨饿受冻的困境。普鲁士人饶有兴趣地观察着法奥的窘境，意识到铁路时刻表即将成为军队运动的晴雨表，掌握了列车运行规律也就掌握了军队机动与集结的规律。因此，毛奇麾下的铁路处不仅详细考察了本国的铁路动员计划，而且还对他国的铁路建设进行了详细考察。在即将来临的德意志统一战争中，铁路处成了普鲁士制胜的法宝。

铁路处的成立也代表了毛奇的新思想——把技术革命引入战争。在19世纪50年代，尽管人类已经历了第一次工业革命并即将开启第二次工业革命，但是军队仍然是各国封建势力最为顽固的堡垒。克劳塞维茨尖锐地讽刺军人们不

◀ **铁路无疑是19世纪对军事战略影响最大的发明**

▲ **德莱赛步枪并不是最早装备部队的后装枪，也不是性能最好的后装枪，但毫无疑问是影响最大的后装枪**

思进取，无视战争规律因技术的进步而不断变化，但大部分军官仍然置若罔闻。向国王推荐过毛奇的军事枢密室毕典菲尔特中将就是一个典型案例。在主持军事枢密室期间，这个极端保守的老容克曾经大量清洗非贵族出身的军官。幸运的是，毛奇是根正苗"黑"的容克出身，他父亲因为酗酒早就丢掉了自己的地产。除此之外，毕典菲尔特还仇视一切学校教育，他说："在那里，充斥着傲慢的老师。他们通常对战争和富裕阶层充满敌意，以学校昂贵的奖学金为傲，残忍地扼杀荣誉感，浸淫着时代的破坏性倾向，几乎是绝对的唯理论者，教授一切但除了个性。"

没有什么比线膛枪的命运更能说明当时军官们对技术的迟钝了。19世纪中期后装线膛枪逐渐成熟，但令人称奇的是除了普鲁士以外，竟然没有一个欧洲主要国家装备后装枪，他们宁愿使用前装线膛枪。奥地利人甚至称："用嘴巴吃饭是高贵的，我们坚决不用'灌肠枪'！"即使在普鲁士军队中，德莱塞M1841针发枪也广受批评。尤其有远射传统的猎兵部队坚决不要德莱塞，宁愿使用仿制的法国米涅前装步枪。1855年，普鲁士一度宣布装备米涅步枪，并购买了30万支。一直到1860年，在总参谋部的强力推动和威廉一世的亲自过问下，已经问世20年的德莱塞才终于普及全军。

实际上，德莱塞并非当时最好的后装枪，至少挪威的卡曼尔莱德步枪的整体性能还要更出色一些，而美国人使用的起落式枪机和金属弹壳的夏普斯步枪也很快问世了。但一直到1864年德莱赛步枪在普丹战争中大发神威，各国才恍然大悟，纷纷开始研制和装备后装枪，甚至宁愿挖掉旧枪的枪尾改装上一个活门，只要是后装的就好。

一些历史学家认为，这是人类思维还没有适应工业革命的现象之一。美国独立战争和拿破仑战争时期也曾经流行过线膛枪，甚至连后装枪也出现了。但人们很快发现，工艺复杂的线膛枪在当时很难大规模供应部队，无法动摇滑膛枪的地位。至19世纪

40 年代，蒸汽机驱动的深孔钻和挤丝冲使得线膛枪管的加工速度大幅度提升，于是使用火帽发火和膨胀弹头的前装线膛枪普遍装备部队。但是对于结构更复杂的后装枪，保守者们普遍认为其价格昂贵，生产困难，无法大规模供应部队。他们还喜欢举出早期 1 支夏普斯后装枪的价格相当于 10 支恩菲尔德前装枪的例子。但事实上，加工技术的成熟使得夏普斯步枪的价格迅速下降到 1.5 支恩菲尔德步枪的水平。

普鲁士无疑是工业革命的受益者。19 世纪上半叶普鲁士东部经历了多次经济危机，中小容克大量破产。这些容克卖掉土地以后，要么涌入军队，要么涌入普鲁士西部和德意志其他邦国的城市。吸收了大量移民的城市通过坑蒙拐骗到高价购买等各种手段，从英法弄来了工业革命的最新秘密，使资本主义工业在德意志扎根发展。

在这方面，阿尔弗雷德·克虏伯和他的克虏伯公司可以说是德国工业发展的缩影。据说，这家 19 世纪最先进的钢铁企业之所以发家，就是靠着阿尔弗雷德·克虏伯亲自跑到英国去当工业间谍，搞到了英国钢铁搅炼的核心技术。1851 年，克虏伯公司

▼ **克虏伯公司制造的全钢制90毫米后装线膛野战炮于1867年装备普军，这种炮比同期法国装备的前装青铜炮射程远一倍以上**

制造的当时最大的钢锭在伦敦万国博览会上展出，一举成名。到 19 世纪 50 年代，由于装备制造业的市场需求，英国人开始向普鲁士大量供应工业装备，这进一步加快了普鲁士的产业升级。

极速扩张的普鲁士工业让争吵不休的容克、资产阶级、民族主义者逐渐找到了"最大公约数"：对外扩张，统一德意志。失去土地的容克需要用军功来换取封赏；扩张中的资产阶级需要新的市场来消化产品，获取利润；而民族主义者则需要一个强大、荣耀的祖国。

名声彰显：总参谋部指挥普军赢得普奥战争

1862 年，战争部长罗恩在普鲁士议会宣布了调整兵役制度的全面计划，一个重磅炸弹在普鲁士议会炸响！

这一计划体现的是以沙恩霍斯特为代表的普鲁士军事理论家们的殚精竭虑。早在 1804 年，沙恩霍斯特就提出："鉴于地理条件，以及缺少人工和天然防御手段等原因，普鲁士无法进行防御战。"在老师的基础上，克劳塞维茨进一步提出了速决战思想，指出普鲁士的战争之道就是发动全民族的力量决死一击，甚至认为在极端情形下，军队的生存应当被置于国家的生存之上。由此，毛奇提出普鲁士的战略必须以进攻为核心。他认为，进攻必须"先思而后行"，未料胜而先料败，在战前极其细心、详尽、谨慎、周密地规划和拟订作战计划、部署和行动，一旦开战，就要全速动员起所有力量，在敌人完成动员之前展开进攻行动，掌握战争主动权。

在 1850 年的奥尔米茨之耻事件中，后备军已完全丧失实战机能。在之后的几年中，威廉一世尽力对后备军进行整顿，但是成效并不显著。战争部长罗恩认为，后备军既已积重难返，为今之计必须另起炉灶。他认为，普鲁士需要扩充其常备军和预备役部队，他建议，国防开支增加 25%，征兵额从 4 万人增至 6.3 万人，军队从 92 个团增至 147 个团，平时兵力由 14 万人变为 21.7 万人。同时，罗恩还大大强化了预备役的作用，弱化后备军的作用。他取消了第一类后备军，士兵们在常备军服役 3 年后，改为在预备役服役 5 年，然后再在相当于第二类后备军的新后备军服役 11 年。在罗恩和毛奇看来，只有这样，才能在战争爆发时迅速动员起能够战胜奥地利的兵力。

扩军计划遭到议会中的自由派议员们的强烈反对。他们虽然也同意增加军费，扩充军备，但是坚决反对扩充常备军。因为在 1848 年，正是这支绝对服从国王意志的

▶ "铁血首相"奥托·冯·俾斯麦

常备军镇压了革命。因此，资产阶级不仅不同意扩充常备军，还要求把常备军的服役期缩短到 2 年。这样，国家预算在议会陷入僵局，哪怕国王两次解散议会也无法让议员们合作，史称"宪法危机"。罗恩建议国王紧急召回驻法大使，那个一脸钢浇铁铸的奥托·冯·俾斯麦。

9 月 26 日，被国王任命为首相的俾斯麦在议会发表了著名的"铁血演说"，他说：

> "当代的重大问题并非通过演说和多数派决议就能解决的，而是要用铁和血来解决！"

从此，"铁血首相"成为王国的掌舵人。面对不合作的议会，俾斯麦提出了一套有些无赖的"宪法缺口理论"。他说，1850 年普鲁士宪法规定"预算必须得到国王和议会的审议及批准"，但却没有规定预算无法通过时该怎么办，这就是"宪法缺口"。俾斯麦主张，这个时候政府为保障自身运行，可以自行其是。于是，在国王和军队的支持下，俾斯麦公然甩开议会，不客气地开始摊派新税、执行军事改革。从 1863 年到 1866 年，普鲁士政府实际上是在没有任何预算监督的情况下运行的。一直到打完普奥战争，俾斯麦才向议会提出事后追认预算的法案。对此，资产阶级也只好买单。

在俾斯麦的全力支持下，普奥战争爆发时，战争部长罗恩在一个月的时间里就为普鲁士动员了 80 个步兵团、48 个骑兵团和 8 个炮兵旅，总兵力 47 万人，装备有 864 门火炮，此外还有 13 万后备军，前后投送兵力达 60 万人。

1866 年，普奥战争即将爆发。如本文开头所述，恩格斯对普鲁士的指挥体制进行了激烈批评，认为战争部、军事枢密室和总参谋部三足鼎立，互相争权的指挥体制简直是"确保军队打败仗的做法中最有效的了"。平心而论，恩格斯的批判并非没有道理。总参谋长作为国王以及战争部长顾问的地位，一直飘摇不定。总参谋长的地位不仅取决于国王的人品，还取决于难以预料的政治因素。在军事问题上，国王更喜欢听第二侍官长冯·阿尔文斯勒本少将的主意。总参谋长毛奇所提出的那个以理森山为界，左右两翼分兵推进的方案是如此的离经叛道，几乎不可能获得国王的支持。

但恩格斯并不了解的是，军事枢密室新任主官海尔曼·冯·特雷斯科夫并非他印象中的争权夺利之辈。此人极有能力且淡泊名利，处处以国事为重。他提醒国王，在1864年，正是毛奇挽救了丹麦战争的战局。当时，普奥联军在丹麦杜普尔要塞之下碰得头破血流，久攻不克。在战争部长罗恩和军事枢密室毕典菲尔特的力荐下，国王的表弟弗里德里希·卡尔亲王和总参谋长毛奇临危受命，作为指挥官和参谋长赶赴石勒苏益格前线。有了毛奇出谋划策，丹麦人吹嘘为坚不可摧的杜普尔要塞被普军以很小的代价攻克了。紧接着，毛奇又策划了精彩的阿尔森要塞攻略战，占领了整个日德兰半岛，迫使丹麦投降。此役令毛奇声名鹊起，恩格斯也褒奖他是"优秀的将军"。

1866年2月，毛奇就已经拟定了普奥战争作战计划。这个计划的中心思想是利用铁路优势，以克劳塞维茨所倡导的速决战击溃奥军。通过铁路处卓有成效的工作，毛奇非常清楚普鲁士的铁路系统远比奥地利更出色。在预定战场波西米亚和摩拉维亚，普鲁士有5条铁路，而奥地利只有1条。通过列车表，铁路处能够精确计算出每一支普鲁士军队到达战场的准确时间。同时，铁路处也能够计算出奥军最快要多久才能通过铁路赶到战场。这是他们的奥地利同行想破脑瓜也做不到的。普鲁士军队的另一件秘密武器是他们的电报网络。由"德国电气之父"维尔纳·冯·西门子创立的西门子公司为普鲁士打造了当时最先进的电报网络，让总参谋部能够精确到小时地掌握各军、师、团的确切位置。

◀ 普军攻下杜普尔要塞仅伤亡了1000多人，而且几乎全部是在毛奇到来之前的两次不成功的尝试中伤亡的

由此，毛奇做出了一个大胆的计划。拿破仑以来军事学的经典理论是分兵推进，战前集中。分兵推进一是便于沿途征粮，二是避免拥堵，提高行军速度。战前集中则避免了军队遭到各个击破。而普军则大胆地计划，分别从理森山两侧分兵推进，在战场上会合！由王储率领的普鲁士第2军团10万人，在萨克森至下西里西亚近300公里的地段展开，形成一个巨大的弧形，将波希米亚的奥军作为唯一主要攻击方向。毛奇要求，第2军团只有到了决战战场上才可向第1军团集中，目标直接指向敌人的翼侧，最终目标是在会战中将敌人合围。奥地利人当然会想着对分兵推进的普鲁士人各个击破，但毛奇经过计算，认为这个风险可以接受。因为除非奥地利能够再变出一条铁路线来，否则他们根本来不及执行这个战略。

这个由精巧计算和科学知识构成的作战计划，代表着从此时起，科学家将取代贵族主导军事行动。

1866年6月2日，在普鲁士大军踏入波西米亚战场之前，威廉三世发布了一条彪炳史册的命令：

"从现在开始，我对集结的军队和其独立组成部分的军事行动的命令应当传达给总参谋长。"

这是历史上第一次，总参谋长获得了全军的指挥权。沙恩霍斯特的理想历经60年沧桑，终于变成了现实。德意志的王公贵族们将亲自指导战争作为其义务，但他们本身大多又不具备统帅的天赋，于是他们面对日益复杂和越来越依赖技术的战争，就愈发离不开经过专业训练和甘愿在幕后做无名英雄的军事专业人才。于是，战争中的一切实际问题均由后者来决定，也导致总参谋部在这种"参谋长"体制中几经沉浮。与国王和毛奇一样，这种指挥体制也渗入了王国军队的方方面面。如指挥第2军团的王储就和他父亲一样，既没有特殊的军事天赋又没有政治才干，于是他在军事上便一切都听参谋长莱茵哈特·冯·布卢门塔尔将军的安排。正是在布卢门塔尔的实际指挥下，第2军团在萨瓦多－克尼格雷茨会战中对奥军翼侧和背后所实施的决定性突击获得了胜利。

在对萨瓦多－克尼格雷茨会战复盘后，恩格斯和其他同时代的军事评论家不得不对毛奇和他的总参谋部心悦诚服。此前在公众视线中默默无闻的总参谋部突然变得声名赫赫，这本来并非沙恩霍斯特希望看到的。毛奇认为萨瓦多－克尼格雷茨会战是他一生中打得最漂亮的一仗，但是同时他谦逊地认为这不过是天时地利的共同结果。如果让普奥两军再打一仗，普军断然不会赢得这么轻松。

萨瓦多－克尼格雷茨会战结束后，俾斯麦、国王与毛奇却发生了严重的争执。国王希望军队挺进维也纳，迫使哈布斯堡割地称臣。但俾斯麦站在更高的战略高度上认

▼ 在后装枪面前，胸甲骑兵的冲锋已经与自杀无异

为，只要奥地利愿意退出德意志，那么就应当迅速结束战争，给奥地利一个体面的和平。毛奇对挺进维也纳也没有什么兴趣，在他看来，战争才刚刚开始，普军将在摧毁奥军的有生力量之后，迅速转向西面镇压仆从于奥地利的南德意志诸国，直接对抗拿破仑三世的法兰西第二帝国可以预见的军事干涉。

三种意见代表着三种不同的思维方式和政治态度。国王仍然在以传统的王朝战争的思维考察这场民族解放战争。俾斯麦和毛奇的分歧则在于究竟是战争服务于政治，还是政治服务于战争。

毛奇自认为是克劳塞维茨的学生，但是他并不同意克劳塞维茨继承自沙恩霍斯特的关于"政治军人"的意见。在这一点上，他更同意米夫林的观点，即军人不需要思考政治，只需要一心一意对国王效忠，考虑军事问题就行了。在霍亨索伦王朝看来，和格奈泽瑙、博因、克劳塞维茨这些叛逆不羁的"雅各宾党人"相比，毛奇是一个忠诚、勤勉的仆人，一个"伟大的沉默者"。这大概也是国王能够信任毛奇的重要原因。

毛奇并没有意识到，他的沉默本身就意味着一种政治态度。对于军人尤其是高级军官这样一个随时随地都要和政治打交道的职业来说，无论如何漠视政治，都不能阻止其本身成为政治的一部分。俾斯麦曾讽刺总参谋部是一帮不食人间烟火的"半神"。他们崇拜效率女神，他们的世界是个狭窄的技术奇迹——绘图、铁路、电报、大炮、线膛枪。他们精通统计表格，设计精细的动员时间表，制定复杂规划，不让文职专家就军事问题发表意见，更从不试图构思包含民族国家组织的政治、外交、经济、心理等成分的大战略。他们跟着毛奇一起对克劳塞维茨顶礼膜拜，但真正精读乃至读懂《战争论》的人却又少之又少。

而当战争成为军人唯一的世界时，军人将不自觉地把政治推入战争。不参与，其实就是一种默许！

再创功绩：普法战争中大败法军

在俾斯麦以辞职相威胁之后，国王和毛奇最终退让了。8月23日，普鲁士和奥地利在布拉格签订和约，普奥战争结束。奥地利将威尼提亚省割让给意大利，并永远不得干预德意志一切事务，失去了对原德意志邦联内成员国的影响力。在之后几年，奥地利不得不将主要精力放在安抚匈牙利和巴尔干半岛的斯拉夫人，以及把奥地利帝国最终改为奥匈二元帝国上。

普鲁士获得了石勒苏益格－荷尔斯泰因、汉诺威、拿骚、法兰克福自由市、黑森的广阔领土，并于1867年4月16日建立起了他们几十年来梦寐以求的北德意志邦联。这个邦联包含了今德国北部和中部的大部分地区，共22个成员。和以前那个松散的德意志邦联不一样，北德邦联拥有邦联政府，使用黑、白、红三色旗为国旗，内部不再有任何贸易壁垒，拥有统一的货币和度量衡，对外政策和对外贸易也由邦联政府制定。在军事上，虽然各邦国仍然保留有独立的军队，但所有军队在编制、训练、装备和指挥体制上都向普鲁士看齐，在战时接受普鲁士的指挥。有了这些军队的加入，普鲁士拥有了动员百万大军的能力。此后，由于共同的利益，普奥两国开始结盟。

毛奇要求立即与法国开战。现在法国代替奥地利控制着南德意志邦国，是德意志统一的最后障碍。既然这一仗迟早要打，那么在毛奇看来不如早打、大打，趁着普军仍然拥有装备优势的时候打。毛奇知道法国人正在开发他们的夏塞波后装枪，这种新式步枪将让普军的德莱塞步枪相形见绌。

俾斯麦没有同意毛奇的要求。如果主动对并无过错的法国开战，那么普鲁士就成了侵略者和战争贩子，不仅将成为拿破仑三世的敌人，也将成为法国人民的敌人和南德意志人民的敌人，甚至连北德意志各国和普鲁士人民也未必会支持这场战争。正如克劳塞维茨所言："民心和民意在国家力量和军事力量中是一个重要因素。"尽管俾斯麦宣称自己"惭愧从未读过克劳塞维茨"，但是在梳理政治、外交与战争之间的关系时，俾斯麦比毛奇更接近克劳塞维茨的精髓。

▼ 德莱塞步枪的枪机。德莱塞系统子弹的底火在弹壳中间，过长的击针很容易因过热断裂，因此士兵需要带上多个备用击针而且要学会在战场上进行更换

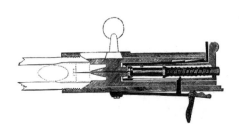

▼ 夏塞波步枪的枪机。夏塞波系统子弹的底火已经改在弹壳底部。橡胶密封圈基本解决了后装枪的闭气问题，虽然效果还不如金属弹壳

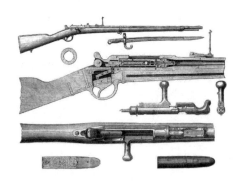

俾斯麦知道，拿破仑三世的帝国建立在流沙之上，这位拿破仑一世的侄子只懂权谋手腕，不懂治国理政。他的帝国表面上兴旺发达，水面下却暗流涌动，矛盾尖锐。为了维系他的帝国，拿破仑三世以"恢复帝国荣光"为口号，不断发动对外战争，转移国内矛盾，把国家变成一部庞大的军事官僚机器。50万常备军和50万官僚成为人民沉重的负担。这20年来，法国和俄国开战，和奥地利开战，还不远万里入侵中国、叙利亚、越南和墨西哥。长期的战争进一步损耗了法国的国力，加剧了贫富分化，而皇帝对自由主义者和社会主义者的严厉镇压让法国变成了一座堵塞了火山口的活火山。为了延迟这座火山的爆发，皇帝需要维持"拿破仑"这个名字独特的魔力，并不允许任何东西冒犯他的荣耀和权威。

1868年，西班牙女王伊莎贝拉二世被推翻，西班牙王位虚悬。1870年，西班牙内阁会议考虑拥戴普鲁士霍亨索伦家族的利奥波德亲王登上王位。这一事件激怒了法国皇帝，他威胁利奥波德亲王和威廉一世，要求其拒绝西班牙人的要求并保证永远不染指西班牙王位。威廉一世和利奥波德亲王原本就对西班牙王位没有什么兴趣，也有意推辞，但这并不意味着他们愿意因此受辱。于是，威廉一世拟了一封措辞委婉的电报，并抄送俾斯麦。

接到电报时，俾斯麦正在家里和毛奇共进晚餐，抱怨着国王的优柔寡断。看到电报时，俾斯麦突然有了一个胆大妄为的主意，他篡改了电报，写道：

"霍亨索伦亲王放弃继承王位的消息由西班牙王国政府正式转告法兰西帝国政府以后，法国大使培内德提在埃姆斯向国王陛下提出进一步要求：授权他发电报回巴黎，说如果霍亨索伦家族再提继承王位一事时，国王陛下保证将来任何时候永不予以同意。因此国王陛下拒绝以后再接见法国大使。并命令值日副官告知法国大使，国王陛下再没有什么可对大使说的了。"

7月14日，这封电报送交巴黎并发表在《北德意志报》上。15日，法国议会通过战争拨款。17日，拿破仑三世拒绝英国调停。19日，法国向普鲁士宣战。

因为拿破仑三世毫无道理地宣战，俾斯麦如愿以偿地让全德意志民族同仇敌忾。北德邦联诸国立即开始总动员。俾斯麦还公布了拿破仑三世对南德意志巴伐利亚等国的领土要求，于是南德意志诸国也登上了普鲁士的战车。这是历史上第一次，整个德意志（除了奥地利）统一在三色战旗之下，数十万大军涌向德法边界。

7月15日晚，在接到法国议会通过战争拨款的情报后，普鲁士开始动员。在动员之夜，毛奇满意地说，这是他最清闲的一刻。在战争开始之前，总参谋部又一次将满盘局劫算得停停当当。法国是欧洲大陆第一强国，拥有近4000万人口，可动员的兵力却和整个德意志不相上下。法国人新装备的夏塞波步枪比德莱赛射程更远、精度更高、可靠性更好，而且不像德莱赛那样有漏气伤人的毛病。虽然那个叫毛瑟的年轻

▼ **普法战争时期的双方士兵。左为普军，右为法军。图中可见夏塞波步枪巨大的曲状刺刀**

人发明的新枪比夏塞波还要先进一代，但此时它还未下试验场。此外法国人还有新式曲柄手动机枪和速射火炮。但这些都不重要，总参谋部早已掌握了战胜欧洲第一强国的法宝。

总参谋部认为，动员速度是战胜法国的关键。早在1868年，毛奇就完成了针对普法战争的全面动员计划。他写道：

"法国如利用其铁路系统迅速集中兵力，将不得不在被孚日山脉分隔的斯特拉斯堡和梅兹附近，分成两个主要集团下车……我将在珀拉蒂纳特占领位于敌两个集团之间的战线内线，从而能向上述两个集团之中的一个出击……向摩泽尔河与莱茵河之间地带的运输工作，能利用6条畅通无阻的铁路线。每一部队何日何时出发和到达，均已拟妥时间表。在第12天，第一批部队即可在法国边境附近下车；在第15天，将有2个军的兵力到达该处；到第20天，人数将增至30万；在第24天，各集团军将由它们自己的辎重队实施补给。

"（法国）极短时间内就可在边境组成一支15万人的军队……它必将于第5天在梅兹编成，并可能于第8天在萨莱路易越过边界……敌进抵该线尚需6天行军，其时（即第14天）因双方兵力相等，敌之推进必陷于停顿。只要我控制住渡口，几天之内就能以一倍于法军的兵力发动进攻。"

在开战之前，毛奇已经以数学的方式为法军宣判了死刑。普法战争的进程正如毛

▼ **普法战争中冲锋的普鲁士军队**

奇预言的那样。当法国 2 个军团约 20 万人于 8 月初集结完毕时，普军 3 个军团共 38 万大军已经严阵以待。加上其他德意志国家的军队，德意志联军前线总兵力达 47 万人，占据了兵力上的绝对优势。

在普法战争中，毛奇向世界展示了自己的新战法。夏塞波步枪精准而密集的火力让德意志联军的正面冲击损失惨重，但毛奇利用自己的兵力优势不断向对方的侧翼移动。当法军无法再延展自己的侧翼时，德军就迅速席卷对手的侧翼，逼迫法军不断收缩自己的战线，最终被德军包围。

这就是合围战。

尽管几千年前的战争史上就已经出现了坎尼之战和长平之战这样经典的合围战战例。但是对于 19 世纪的欧洲人来说，合围战仍然是生僻的。拿破仑时代的战争以击溃战为主。19 世纪的欧洲人习惯以密集的步骑兵纵队将敌人的队列冲散，然后再以骑兵和散兵进行追杀。一直到南北战争时期，面对线膛枪的死亡火力，双方仍然试图用这种经典战法取胜。在拿破仑时代的典型会战中，失败方平均损失为 21.9%，战胜方则为 12.5%。在很多时候，双方损失相当。在大部分情况下，失败方仍然会保存大部分有生力量，使他们得以卷土重来。格奈泽瑙曾第一个提出在开阔的战场上合围敌军并力争全歼敌人的思想，并宣传通过歼灭战彻底消灭拿破仑法国。1814 年的莱比锡战役曾部分体现了格奈泽瑙的思想，但联军在拿破仑主动退位后放过了已被合围、穷途末路的法军。继格奈泽瑙之后，克劳塞维茨也提出了歼灭敌人有生力量的思想。他说：**"坚持集中兵力各个歼灭的原则，以歼灭敌军有生力量为主要目标，不以保守或夺取地方为主要目标。"**

在普法战争中，毛奇淋漓尽致地施展着他的合围战。在普奥战争的萨瓦多－克尼格雷茨会战中，普军的合围因奥地利胸甲骑兵的自杀式冲锋被破，未能完成全歼奥军的目标。在普法战争中，普军没有再让机会溜走。8 月 17 日，巴赞元帅的法军第 1 军团共 11.2 万人首先在梅斯被合围。他们试图依赖梅斯坚固的要塞自保，但克虏伯公司生产的后装线膛架退炮和使用碰炸引信的榴弹很快就证明棱堡的时代已经过去了。经过 72 天的苦苦坚守，法军第 1 军团和梅斯守备部队共 18 万人被迫投降。麦克马洪元帅的法军第 2 军团（皇帝拿破仑三世也在其中）试图解救第 1 军团，结果却自投罗网。毛奇围点打援，以 1 个军团盯住第 1 军团，以 2 个军团包抄第 2 军团后路，将法军包围在色当的开阔地。8 月 31 日，德军向第 2 军团发动总攻。在克虏伯重炮的怒吼声中，毛奇对威廉一世说：**"近卫师进攻了，我祝贺陛下取得本世纪最伟大的胜利。"**

▲ **克虏伯公司生产的150毫米攻城炮因炮击巴黎而臭名昭著**

9月2日，拿破仑三世交出了自己的军刀，12万法军全军覆没。

很多法军士兵连一次像样的战斗都没有经历过就被迫投降了。崭新的夏塞波步枪被成捆成捆地扔进德意志联军的仓库，由此诞生了一个缺德的笑话："法国步枪，全新，从未使用过只被扔到地上一次。"

尾声

1871年1月18日，威廉一世在法国凡尔赛镜厅加冕为德意志帝国皇帝。自神圣罗马帝国崩溃之后，德国终于再次走向统一。在庆功宴上，皇帝说："您，罗恩将军，磨亮了宝剑；您，毛奇将军，正确使用了宝剑；您，俾斯麦伯爵，多年来如此卓越地掌管我的政策。每当我感谢军队时，就特别地想到您三位。"

总参谋部在军队和大本营中赢得了非同寻常的声望。新的德意志帝国不设战争部，普鲁士、巴伐利亚、萨克森和符腾堡的战争部继续负责原有的日常事务。这样，总参谋部就成为帝国事实上的最高军事领导机构，成为负责帝国防御任务的最高筹划中心，

▲ 在威廉一世的加冕仪式上，俾斯麦是新皇唯一没有握手的人

直接对国王负责。在国会大厦对面，勃兰登堡门后面耸立起一座由红砖砌成的总参谋部办公大楼，军官们把这座大楼叫作"红房子"。

毛奇本人获得了皇帝丰厚的奖赏。他用这笔钱做了一件非常"容克"的事情——把他父亲因酗酒败掉的庄园买了回来，并继续广置地产。在当时德意志军队中，资产阶级出身的军官已经超过三分之一，但是资产阶级出身的军官阶层在思想和行为上都在以令人吃惊的速度封建化。实际上，不只是军官，整个德意志帝国都呈现出容克化的特质。以克虏伯为首的资产阶级在战争中大发横财，现在他们把战争当作了利润最丰厚的生意，争相向容克军官集团献媚，并期望在下一次扩张战争中攫取更多的利润。军队、容克和军工集团正围绕总参谋部形成一个庞大的利益集团，化身为19世纪末最令人生畏的利维坦怪兽。而这个怪兽的骑手——帝国首相俾斯麦已经越来越力不从心了。德意志帝国正在无可避免地走向它的归宿——容克军国主义。

1887年，恩格斯在波克罕的《纪念1806至1807年德意志极端爱国主义者》一书的引言中写道：

"对于普鲁士德意志来说，现在除了世界战争以外，已经不可能有任何别的战争了。"

主要参考资料

[1] 瓦尔特·戈利茨.德军总参谋部（1650—1945 年）[M].戴耀先，译.海口：三环出版社,2004.

[2] 迈克尔·霍华德.欧洲历史上的战争 [M].褚律元，译.沈阳：辽宁教育出版社,1998.

[3] 赵星铁，孙炳辉，郑寅达.德国史纲 [M].上海：华东师范大学出版社,1995.

[4] J.F.C. 富勒.战争指导 [M].绽旭，周驰校，译.北京：解放军出版社,2006.

[5] 弗兰茨·法比安.克劳塞维茨传 [M].军事科学院外军部，译.北京：中国对外翻译出版公司,1984.

[6] 乔治·赛勒斯·索普.理论后勤学 [M].张焱，译.北京：解放军出版社,2005.

[7] 阿彻·琼斯.西方战争艺术 [M].刘克俭，刘卫国，译.北京：中国青年出版社,2001.

[8] 军事科学院.马克思恩格斯军事文集 [M].北京：战士出版社,1981.

[9] 袁洋.论普鲁士军事改革 1858–1871 [D].武汉：华中师范大学,2013.

[10] 约翰·埃利斯.机关枪的社会史 [M].刘艳琼，译.上海：上海交通大学出版社,2013.

[11] Oyvind Flatnes. *From Musket to Metallic Cartridge: A Practical History of Black Powder Firearms*[M]. The Crowood Press Ltd,2013.

[12] Hew Strachan. *European Armies and the Conduct of War* [M]. London: Routledge,1988.

皇权与天下的对抗
南齐朝"检籍"与唐寓之起义

作者 / 爱澜

新朝新政

升明三年（479 年）四月二十一日，一场禅让闹剧在建康宫城中上演。这一次，宋顺帝刘准战战兢兢地离开了刘氏盘踞了六十年的皇座，把它让给控制了朝廷的权臣——萧道成。后者在一片颂扬声中登基，改元"建元"，易国号为"齐"，开辟了南朝第二个朝代齐朝。萧道成后来被奉为太祖高皇帝，一般称呼他为"齐高帝"。

和所有开国君主一样，齐高帝也希望自己建立的王朝能绵祚千秋，江山永固。但是，他所面临的形势有一定独特性。宋齐易代只是皇权集团的简单更替，齐政权几乎全盘承接了刘宋政权的一切，也等于全盘承接了旧政权的社会痼疾和朝政积弊。刘宋王朝自元嘉末年起，内外征伐不断，社会生产遭到严重破坏，户口损耗流失，赋税徭役无从征取，朝廷府库空虚，几乎到了"虑不支岁月"的地步。在这种情况下，齐高帝这位"接盘帝"除了表面风光，实际日子并不好过。但齐高帝并非膏粱子弟，而是从基层一路摸爬滚打上来的，对国家机器的运作、社会的弊端有比较清楚的认识，也着实采取了一些措施。比如，登基伊始，他就下旨"检定簿籍"。

检定簿籍简称"检籍"，套用现在的话说就是对户籍档案进行审查，还记载以真实。要搞清楚这件事，我们先要了解中国古代的户籍制度。《中国历代的人口与户籍》云："户籍制度是伴随着国家机器的产生而产生的。"因为国家机器必须通过征收赋税和征发徭役来获得财力、物力、人力，以维持自身的正常运转。同时，只有了解国家管辖范围内的人口与财产资料，国家机器才能合理地进行征收赋税和征发徭役，确保财力、物力、人力供应的充足稳定。

我国古代户籍制度源远流长，目前有直接证据的户籍制度雏形是在西周，当时是每年十月上报一次人口，每三年审查一次。春秋时期，随着井田制的瓦解，土地私有化，各国陆续建立了基层组织架构，确定了登记户籍的书社制度和经常性户籍审查制度。由于国情差异，各国户籍制度也存在一定差异。秦统一六国后，秦的户籍制度

◀ 明《三才图会》中的齐高帝萧道成像（来自中国历代人物图像数据库）

推行于全国，其登记内容包括户主姓名、籍贯、年龄、爵位，以及家里全部人员的名字、年龄、爵位等，还有什五连坐、不得擅自迁移户口、一家之中兄弟成年须分家立户等规定，并加强了对隐瞒漏报、申报不实的处罚力度。汉代基本保留了秦代户籍制度并有所发展。汉代户籍称为"名籍"，每年审查、制作户籍档案，并上报。"名籍"的登记内容比秦代更为详细，并依据类型不同，登记项目略有差异。汉代还将户划分成三等，按不同等级收税。特别是汉代确立了《户律》，把户籍管理上升到法律的高度，将户籍管理的优劣作为考核地方官吏政绩的重要标准。到了晋代，正式的户籍称为"黄籍"，使用标准的一尺二寸木简登记，后来又用黄檗处理过的、防虫蛀的黄纸代替。"黄籍"的审查、制作改为三年一次，户籍中的户等也扩大到九个等级，每年评定一次。永嘉之乱后，针对北方迁移到南方的侨户东晋又建立了临时的"白籍"，免征户调和劳役。后来东晋与刘宋统治者实施"土断"，将这些"白籍"侨户改为"黄籍"，实现统一管理。齐朝承续刘宋的制度，正式户籍是"黄籍"，当然也存在一部分"白籍"。

▼ **里耶护城壕出土的户籍简（原载于湖南文物考古研究所《里耶发掘报告》彩版P36、P37）**

本始二年八月辛卯朔戊申居延户曹佐

所将胡骑秦骑名籍

东郡博平都乡佐麦里公乘李安世年廿四长七尺四寸黑

▶ **1973年，甘肃居延肩水金关出土汉简中与名籍相关的部分内容（选自甘肃简牍保护研究中心《肩水金关汉简·一》中册）**

综合而言，古代户籍制度是从简到繁，从粗到细，从宽到严演进的。但是，制度是制度，实际执行又是另一回事了。特别是到了南朝宋齐之时，户籍造假简直已经泛滥成灾。不过这说来话长。西汉中后期，随着土地兼并，出现了大批"阡陌相连"的大地主豪强。他们占有大量劳动力，实施庄园化生产，形成庄园经济。东汉初年，这些大地主豪强支持刘秀夺取天下，成为统治阶级的础石。他们隐瞒田产和劳动力，使得国家户口登记不实，赋税和劳役流失。

虽然东汉统治者采取"度田"政策，核查田产与户口，取得了一定的效果，但这种庄园经济模式没有实质性的改变。[①]在这种经济模式之上，对经济、仕途、文化享有多重垄断的门阀士族逐渐形成了。魏晋之际，为获得门阀士族的支持，国家与其达成妥协，在经济制度上实施依官品划分等级的占田制（包括占田和占客两块内容，占客即合法占有佃户），从制度上保证门阀士族的经济利益，又对其适当限制；在官员选拔上实施九品中正制，从制度上保证门阀士族的政治权力。反过来，成为特权阶层的门阀士族为了维护和扩大自身经济地位，则利用既得的政治权力，破坏正常的户籍制度，非法超额侵占国家户口。广大庶族人士又想方设法跻身特权阶层或干脆瞒报、谎报户口，逃避赋税徭役。特别是永嘉之乱形成的"白籍"侨户，因为土断编入"黄籍"后不再免户调与免役，所以他们采取各种方法抵制和对抗土断，逃避编入"黄籍"。以上种种，都导致了国家实际控制的户口减少，严重影响了赋税徭役。

由此观之，齐高帝的"检籍"可谓抓住了户口流失、赋役不充的关键。但这一政策真的有效吗？

---

① 东汉度田传统上认为是失败的，但近年来随着考古研究的深入，学界通过对东汉出土简牍的解读，认为度田取得了成功。参见袁延胜《东汉光武帝"度田"再论——兼论东汉户口统计的真实性问题》。

皇权与天下的对抗——南齐朝"检籍"与唐寓之起义　**151**

暗藏机锋

　　"检籍"政策的推行，并非一蹴而就。齐高帝十分清楚刚登基的自己需要得到最广泛的政治支持，不能轻易动摇政治基础。所以，一开始他没有把意图暴露出来，"检籍"这一举措也没有任何异常——从前一节所述的户籍制度流变就可以看出，户籍的审查始终与户籍登记相互依存，也就是说，"检籍"最初看起来是户籍制度的传统审查手续，而不是什么大刀阔斧的新政。

　　那么齐高帝是靠什么来实现自己的意图的呢？就是靠选人。他下旨让虞玩之和傅坚意两人主持"检籍"工作。虞玩之是个值得细细八卦的对象。他字茂瑶，会稽郡余姚县人（今浙江省宁波市余姚、慈溪市一带），出身于江东四大望族的会稽虞氏。虞氏家族自东吴以来就有许多族人在各个政权中担任官职。虞玩之的祖父虞宗是东晋的尚书库部郎，具体负责国家的财政税收工作；父亲虞玫是刘宋的通直散骑常侍，在集书省值班，随时为皇上提供治国意见，对朝政决策进行评议。在这种氛围中成长的虞玩之，从小就熟悉朝廷案牍文件和办事程序，并接受了比较良好的教育。元嘉二十八年（451年），他初入仕途，担任东海王刘袆的冠军行参军、乌程令。刘宋孝武帝即位后，路太后的亲属犯了罪，他依法查办，为此丢了官。可能是在泰始二年（466年）虞玩之与萧道成偶遇，但那一次时间太过短暂，二人有什么交往不得而知。大约四年后，汲汲营营的虞玩之终于再次踏入仕途，出任晋熙王国郎中令。我们不知道萧道成在此事中施加了多大影响，但我们知道，当萧道成位居辅政大臣之后，曾以书信提示朝廷的风向，使虞玩之获得了进一步的进阶之道。萧道成大权独揽之后，虞玩之特意穿一双底磨歪了、鞋带断了用芒草接续的旧木屐，去参加萧道成府邸霸府的成立聚会。这双不该出现在正式场合的木屐立即引起了萧道成的注意，便问他是怎么回事。虞玩之解释说："初释褐拜征北行佐买之，著已二十年，贫士竟不办易。"这是他故意讲错自己初次当官的时间，移花接木暗示说自己从会稽相遇起就一颗心向着您萧道成了。萧道成一眼看穿他的心思，立即将其延揽入霸府，引为腹心。如今，虞玩之已年届五旬[1]，担任黄门侍郎兼会稽郡中正。黄门侍郎一职负责"掌侍从左右，关通中外"，可见其所受的信任。当然，虞玩之的办事风格比较刻板执拗。例如刘宋末年，王俭（可

---

　　[1] 此为推理而得。根据虞玩之传记载永明八年（490年）上表自称"年过六十"，则建元元年（479年）时他的年纪在50—58岁之间。

能当时正担任吏部郎，负责官员的选任工作）推荐一名叫孔襜的官员出使北魏，虞玩之认为不合适，就不依不饶地向王俭提意见，从而得罪了王、孔二人。

从虞玩之的出身和经历来看，他有五大优势：其一，他是齐高帝的心腹，君对臣有知遇之恩，臣对君有报效之诚，安排虞玩之来"检籍"，能够按照皇帝的意思来推进工作；其二，他出身高级士族，年纪又不小，有足够的声望；其三，由于对案牍文件熟悉，能胜任"检籍"这样琐细的实务工作；其四，刻板执拗的作风正是一种绝好的政治攻击武器；其五，多年宦海沉浮的他还有机巧的一面。

另一位傅坚意则史无明载，只知道他当时担任骁骑将军。这个职位管理台军的骑兵部队，至少也是齐高帝信任的人。另外，笔者怀疑傅坚意是刘宋元嘉年间清查户籍的名臣傅隆之后。如果真是这样，那么他参与审查户籍，就更顺理成章了。

领受圣旨之后，虞玩之、傅坚意很快就投身到"检籍"工作之中。他们果然不负皇恩，查出了诸多问题。概括而言，主要有以下八种：

1. 通过虚报和假冒军功，在户籍上冒注国家爵位，并享受国家俸禄供养。

2. 庶族通过修改谱牒，冒充士族身份，在户籍上列入士族。

3. 天生的秃头冒充僧人，不入民籍。

4. 壮劳力假报残疾、老病等。

5. 土断后"白籍"转"黄籍"的侨户逃避户籍登记。

6. 子孙满堂仍然只报一户。

7. 镇戍的将领，任意召人填补部曲，充作私人劳动工具。

8. 以往审查发现有问题的户口，有相当数量尚未得到更正。

▼ **南京颜料坊出土的东晋南朝木屐（原载王志高、贾维勇《南京颜料坊出土东晋、南朝木屐考》）**

必须申明两件事：第一，关于虞玩之与萧道成在会稽相识，史无明载，来自笔者的推测。第二，虞玩之解释旧鞋由来的那段话，文献学界一般认定《南齐书》有误。比如丁福林先生在《南齐书校议》中认为"玩之既释褐为东海王行佐，则当是'冠军行佐'，即此云'征北行佐'者，恐误"，"今由元嘉二十八年（451）玩之始释褐计之，至升明元年（477），凡二十七年，玩之答以约数，当云'三十年'，南史是也"。张忱石先生点校的《建康实录》亦注云"南齐书作'二十年'当误"。对此笔者并不苟同，阐释如下：

据《南齐书·高帝纪》，泰始二年初四方大乱时，萧道成曾"迁巴陵王卫军司马，随镇会稽"。随后不久"还除桂阳王征北司马、南东海太守、行南徐州事"。从前一句可知，萧道成与罢官在家的虞玩之存在相遇的可能。而后一句更是关键，为何虞玩之偏偏错提"征北"？查看《宋书·明帝纪》可知，萧道成在泰始二年二月乙丑日（初七）平定晋陵郡，当月丁亥日（二十九日）奉命北讨，离开江南，满打满算二十三天。这其中留在会稽的时间必然不多，与虞玩之见面时间亦不会太长，未必有深入的沟通。而萧道成北返，是受镇北将军、南徐州刺史桂阳王刘休范节度，成为其行佐。怎么是镇北将军？莫急，当年七月桂阳王就晋征北大将军了。以虞氏在官场的人脉，虞玩之对此极可能知情，但未必十分精确。就算他十分清楚，在"镇""征"音近的情况下，也存在临场口误，或者旁听耳误、传播者口误、记录者笔误等可能。由此，建立了一种可能的历史情景：泰始二年两人相识，但因为种种原因没有完全搭上关系。虞玩之重新出仕后，见萧道成逐渐得势，便积极靠拢。萧道成可能先前对他印象还可以，以及收拢人心需要，也着意拉拢。之后，在萧道成府邸的聚会上，虞玩之更进一步以讹示忠，暗示自己从会稽郡那次相遇起就认准萧是主子了。这种政治人物间特殊的"交际语言"是合理存在的，他们表述的并不是精确的事实，而是要传递背后的话意。这样一算，

齐高帝泰安陵被毁之麒麟（原载朱偰《建康兰陵六朝陵墓图考》P43）

从泰始二年（466年）到升明元年（477年）差不多十二年，说成二十年也正常了。文献学的研究方法重文字证据，认为《南齐书》的记载有误并非没有道理（这可能也是《南史》作者李延寿将二十年改成三十年的原因），不过从历史研究的角度而言，虽然没有明确的证据，但可以依据现有文献，间接建立一个合理的情景，至少不能排除这种可能性。所以，一定要说"征北行佐"和"二十年"是记载错误，恐怕存在商榷的空间。有意思的是，虞玩之因为这种表忠心的方式被后世误解，千载之下，喜耶？悲耶？

在虞玩之看来，第1条是最严重的，导致了大半国有户口的流失，使得国家财政紧张。这里面有两层含义，第一层是非法逃避税役，因为国家给予为国立功而获得一定官爵的人免税役的特权，爵位登记于"黄籍"之上，所以冒注户籍就是以非法手段获得了这种特权；第二层是挤占合法税役。国家有特殊的以恤为禄的制度，简单说即让民户、吏户将劳役折成税钱上缴，这些钱就拿来供养官员，称为"恤俸"。前述的有功之人中取得一定官位的就同时享有这个待遇。由于刘宋元嘉以后战乱不断，从统计功劳之时起，就大量充斥欺瞒谎报。根据虞玩之的估计，因为申报军功的将领官吏有私心，照顾亲属部曲，大量虚报，而普通人又施展各种手段（修改户籍冒称有功人员、贿赂官吏等等）假冒军功，因此功劳簿中真正的立功者不到三分之一。超三分之二的人免税役，其中又有不少既免税役又领恤俸的，国家的负担自然就沉重了。

接下来第2—6条都是民众逃避法定赋役义务的情况。按照当时的制度，国家依据户籍档案的记载，给予士族、66岁以上的老人以及残疾人、病人免税免役的待遇，同时要求家庭兄弟分户，以增加户口，保证户调的征收需要。僧尼则单独有专门的僧籍，"寸绢不输官府，升米不入官仓"。（侨户问题前文已提及，不作赘述。）然而，随着户籍登记造假的泛滥，庶族成为士族，"昔为人役者，今反役人"，假冒僧尼者"填街溢巷，是处皆然"，四处"流亡不归"倒还好，甚至出现"宁丧终身，疾病长卧"等离奇现象。

第7条反映的是军队将领私占部曲，为其提供私役服务的现象。虞称私家劳作"巫媪比肩，弥山满海"，国家力役无从投补，这是多么可怕的景象。

《南齐书·虞玩之传》记载："自孝建已来，入勋者众，其中操干戈卫社稷者，三分殆无一焉。勋簿所领，而诈注辞籍，浮游世要，非官长所拘录，复为不少。寻苏峻平后，庾亮就温峤求勋簿，而峤不与，以为陶侃所上，多非实录。寻物之怀私，无世不有，宋末落纽，此巧尤多。又将位既众，举恤为禄，实润甚微，而人领数万，如此二条，天下合役之身，已据其太半矣。"对此，唐长孺先生在《魏晋户调制及其演变》中解读为"可见恤乃是合役之人而为私家占有，他们以纳钱代役，作为将领的俸禄，所以说举恤为禄"。高敏先生在《中国经济通史·魏晋南北朝卷》中进一步阐述为"与此同时，官吏将帅又多通过'举恤为禄'的办法，把许多'合役之身'，转化为私家依附民，达到'人领数万'的程度"。

　　笔者对此颇有疑惑。《宋书·沈庆之传》记载："（大明）三年，司空竟陵王诞据广陵反，复以庆之为使持节、都督南兖、徐、兖三州诸军事、车骑大将军、开府仪同三司、南兖州刺史，率众讨之……自四月至于七月，乃屠城斩诞。进庆之司空，又固让于是与柳元景并依晋密陵侯郑袤故事，朝会庆之位次司空，元景在从公之上，给恤吏五十人，门施行马。"沈庆之作为讨伐的统帅立功，仅给恤吏五十人，那些"举恤为禄"的怎么可能到"人领数万"呢？再参考《南齐书·武帝纪》，"（永明八年十二月）戊寅，诏'尚书丞郎职事繁剧，恤俸未优，可量增赐禄'"。所谓"恤俸未优"，说明先前就有，可见恤俸比较普遍，但真的能在国家制度（恤禄）之下保证个个"将位""人领数万"吗？要知道，按数万计算，取"数"为最低值的三，按一户平均五口二丁计算，就是一万五千户了。这是什么概念？大明年间扬州总共不过十四万余户。如果有人说，这就是被侵吞的明证啊。那么，一州才出八九个"将位"，这就真的"众"了吗？这还不算完，按照南齐丁税一丁一千，唐朝各种杂徭色役出钱以代均在千文或千文以上，按恤吏一人一千钱计算，则最低为三千万钱。《宋书·刘义恭传》记载："相府年给钱二千万，它物倍此，而义恭性奢，用常不足，太祖又别给钱年千万。"也就是说在这个制度下，一个"将位"的收入抵得上奢侈的刘义恭王爷一年所花的钱，这可能吗？到这种"将位"级别的根本寥若晨星。

综合前述疑惑，笔者认为有以下几种解释：其一，虞玩之此处有夸张嫌疑，"将位既众""人领数万"皆是如此，视最高的占据数万恤吏的高级将帅为常态（办事的人总要把问题说得严重些，才好获得领导的支持）；其二，《史记·天官书》记载："太微，三光之廷……其内五星，五帝坐。后聚一十五星，蔚然，曰郎位。傍一大星，将位也。"则"将位"依本义恐怕只指高级将帅，则"人领数万"，指的是其所领建功的部属有数万，这些人都享受恤禄，一个人很少，但几万人统计起来就多了；其三，按唐长孺先生的论证，自宋起，"送故""恤禄"都是直接送钱了，前述沈庆之五十恤吏，按一恤吏一千钱计，正好是数万之数（稍低的将领二三十恤吏也能大约进入这个范围，如果钱数高些则还可能更低），这里"人领数万"是否是钱呢？当然这点最不利的是，"恤"指服力役的人，而且遍查《全齐文》，亦无"领"字是接受、领取意思的用法。个人倾向于第二种，并按此解释叙述正文。

第8条是一个重点。虞玩之审查了扬州和某州所属九个郡①自泰始三年（467年）至元徽四年（476年）的四套"黄籍"（即泰始三年、泰始六年、元徽元年、元徽四年登记的户籍），他发现，在过去的审查中就查出七万一千多户存在问题，但只有不到四万户完成更正。由于这九郡属于"神州奥区"，即天子脚下的核心区，连这样的地区都存在严重的问题，其他州郡更不用谈了。换句话说，传统的户籍审查程序对遏制户籍造假效果不彰，使得积重难返。当然，正常的户口审查并不需要翻阅这么多旧籍，

---

① 《南齐书·虞玩之传》记载"扬州等九郡四号黄籍"，扬州所属仅八郡，则等字反映的应为扬州与另一州。从本段后文这九郡属于"神州奥区"以及后文"余波难消"一节所记永明四年的诏书看，个人怀疑另一州是南徐州。

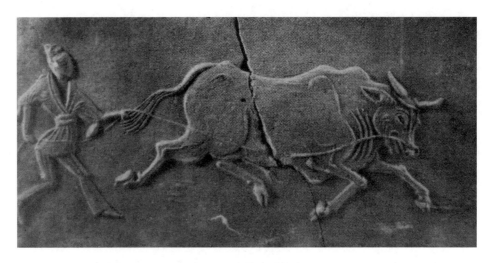

▲ *河南邓县出土画像砖上的耕牛图，反映当时南朝农业生产情景（原载《中国雕塑艺术史》）*

而虞玩之竟然一直查到十二年前的旧账，这就是齐高帝"检籍"的用意了。既然旧账问题丛生，既然传统的审查程序不堪胜任，那么必然要有新的政策来整治乱象。

这里要补叙几句，除了第1条含糊其辞地可能牵涉士族之外，其他都没有谈及（军功贵族、镇戍将领的主体也是庶族）。这固然是由于士族本身免税免役，无须假冒户籍，但他们真的那么"干净"吗？当然不是的，虞玩之作为士族名门，他是有私心的，不可能自揭自短。不仅庶族出身为主的镇戍将领私占部曲，士族和其他高官显贵同样在国家法律规定的"占客"之外，违法占据部曲、佃户和奴婢，为其提供私役服务。一类是他们主动侵占的，一类是民户主动依附的，数量都不少。比如东晋末年的会稽虞亮（与虞玩之同一宗族），就藏匿了一千多脱离户籍的流民。养这些人干啥？就是为自己的庄园干活。刘宋元嘉名臣谢弘微，出身与琅琊王氏齐名的陈郡谢氏，管理继叔父谢混的家业，有田业十余处，僮仆千人。吴兴沈氏为后起之士族，刘宋朝时沈庆之亦得"门徒义附，并三吴勇士，宅内奴僮，人有数百"。由于这一现象普遍存在，因此户籍档案不仅不能真实反映国家的劳动力状况，甚至由于私人大量侵吞本属于国家的劳动力，导致世族大家的经济实力凌驾于国家之上。这要不要查呢？齐高帝肯定是要查的。

图穷匕见

任何新政策的提出都要选择一个时机，"检籍"也是如此。这个时机来得很快。建元元年（479年）十一月，北魏南征，三路大军分别指向广陵、淮阴和寿春，企图以帮助刘准复国的名义①夺取淮河沿线，为消灭南齐统一天下做准备。齐高帝也针锋相对，打着"北伐"的旗号抵御。这场战争一直持续到建元二年（480年）二月，齐朝淮泗一带损失严重，数万百姓被掳掠。战争的巨大开支和服徭役人丁的不足，让齐朝备感压力。被逼入困境的齐高帝终于痛下决心，采取极端手段整治。

齐高帝的政治手腕十分老练，他先发出一道圣旨："黄籍，民之大纪，国之治端。自顷讹俗巧伪，为日已久，至乃窃注爵位，盗易年月，增损三状，贸袭万端。或户存而文书已绝，或人在而反托死叛，停私而云隶役，身强而称六疾。编户齐家，少不如此。皆政之巨蠹，教之深疵。比年虽却籍改书，终无得实。若约之以刑，则民伪已远；若绥之以德，则胜残未易。卿诸贤并深明治体，可各献嘉谋，以振浇化。又台坊访募，此制不近，优刻素定，闲剧有常。宋元嘉以前，兹役恒满，大明以后，乐补稍绝。或缘寇难频起，军荫易多，民庶从利，投坊者寡。然国经未变，朝纪恒存，相揆而言，隆替何速！此急病之洪源，暑景之切患，以何科算，革斯弊邪？"

开篇他称户籍是民众的纲纪，治国的源头，可谓一针见血。其后谈及各种户籍蠹政和户籍审查效果不良，可见他自己对情况了解之透彻。但是，他并没有自己提出政策主张，而是表现出在严刑峻法与以德服人之间犹疑不决，并向群臣征询意见。这其实是在试探内外官吏的态度。

这道诏书发出之后，官吏们的普遍反应史书没有明确记载，但是可以侧窥一二。比如尚书令、中书监褚渊曾在当年反对齐高

◄ 北魏彩绘武士俑，河南偃师出土（原载周剑曙、郭洪涛《偃师文物精粹》P144）

① 《魏书·刘昶传》记载："及萧道成杀刘准，时遣诸将南伐，诏昶曰：'卿识机体运，先觉而来。卿宗庙不复血食，朕闻斯问，矜怆兼怀。今遣大将军率州甲卒，以伐逆竖，克荡凶丑，翦除民害。氛秽既清，即胙卿江南之土，以兴蕃业。'"刘昶是宋文帝第九子，宋前废帝时因内部斗争，出逃北魏。

帝让王公以下无官位者从军，认为"无益实用，空致扰动"，对于"检籍"这类扰动之事恐怕未必赞成；中书令张绪是个口不言利、清淡无为的人，在尚书仓部郎任上就对公事十分冷淡，不记在心上，何况"检籍"；而自尚书右仆射调任左仆射的王俭，从后来的反应看也不可能支持"检籍"，所以想必应者不多，或者泛泛而谈，无益实政。

作为"检籍"负责人的虞玩之自然不同，他对皇帝的用意心领神会，借机上表，一面将自己"检籍"发现的问题全面陈述，一面又提出整治之法：

其一，设立明确的法令条目，以刘宋光禄大夫傅隆亲笔校核的元嘉二十七年（450年）户籍为底本，对建元元年的户籍进行全面检查审核。

关于第一条有两点值得探讨。一是虞玩之为什么设定以元嘉二十七年的籍簿为底本。除了他认为傅隆的检校十分认真之外，是否有别的原因呢？与傅坚意以及虞玩之元嘉二十八年入仕是否有关联？由于缺乏实证，无法考察，但给历史爱好者留下充分的遐想空间。

二是建议中接受检核的户籍存在争议，按《南齐书》记载为建元元年户籍，《通典》记载为建元二年户籍。周一良先生在《魏晋南北朝史札记》中认为《通典》是对的，但没给出论证。笔者持不同观点。笔者认为《通典》作者杜佑很可能是按三年登记一次户籍的规律，从元嘉二十七年（450年）推导至建元二年（480年）的。确实，如果真是严格三年登记一次是该如此。但《南齐书·虞玩之传》明确记载了"自泰始三年至元徽四年，扬州等九郡四号黄籍"，如正文中已述，前后正好是四本户籍。周一良先生称"四号未详何义"，是失于过分谨慎。而张荣强先生在《汉唐籍帐制度研究》中将"四号"理解成县、郡、州、中央四套"黄籍"。在当时的条件下，虞玩之就算带了手下令史，也不可能跑遍九郡（仅扬州八郡就有六十四县），彻底翻遍从上到下四套户籍档案。那么怎么么会出现年份偏差呢？笔者认为元嘉二十七年之后再次登记户籍理应是在元嘉三十年，但当年发生太子刘劭弑杀宋文帝，武陵王刘骏指挥各地武装讨伐，似乎受这个影响，户籍实际登记是在孝建元年（454年）。按三年一计，正好在泰始二年（466年）遇到全境大乱的宋明帝与宋孝武帝诸王战争，战争持续到九月，肯定对户籍登记有重大影响，所以才会出现泰始三年之户籍。因此笔者认为《南齐书》原载的建元元年无误。

其二，县级先自行核查，然后交付州审查。如果出现问题，州县两级都要承担责任。

其三，允许户籍造假的人士自首，不问罪责。但如果是在审查中查出问题，则要依法处死。

其四，明确国家征发各类徭役的制度，保证按制度办事，避免超期和过度征发现象。

虞玩之是赞成以严刑峻法对付户籍造假的，不过也考虑到可能遭遇的阻力，留出了宽大处理的空间。特别是他的最后一条，如果能够实现，将大大减轻普通老百姓服役的痛苦，使得他们不再逃避徭役，从根子上解决户籍造假的问题。

齐高帝采纳了虞玩之的建议，他在太极殿的东堂成立专门的"检籍"机构，承担审查户籍的工作。太极殿是当时官廷的正殿，是重大政治活动的场所，其东堂也是皇帝处理日常政务的场所，在此设置"检籍"机构，充分显示了齐高帝对此事的重视。东堂一共有七间屋子，鉴于审查户籍有大量档案簿册需要存放，估计"检籍"机构可能占用了其中一间。

"检籍"机构设立"板籍官"，由郎官充任，负责整个项目管理。板籍官之下设置令史，负责具体审查和重新登记。郎官一般为士族出身人士，令史则完全是庶族人士。郎官领导令史本是常制，但在表面上也形成一定的牵制关系。此外，按齐高帝

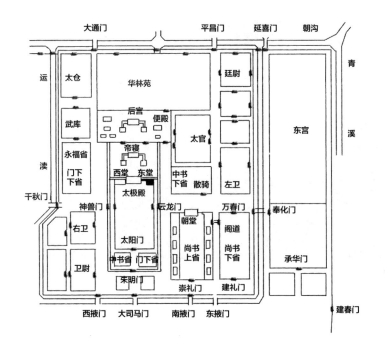

◀ 刘宋建康宫城推测图，齐朝时无大改观，图中黑色区域即太极殿东堂（原载庞骏《东晋建康城市权力空间》P198）

的要求，每位令史每天必须检查出一定数量的户籍造假案例。户籍造假性质严重的，罚充军边境。①

应该说，虞玩之是站在臣子的角度提出建议，而齐高帝是站在全局的角度看待问题，所以在惩戒方面有所缓和，避免激化矛盾，这是正确的。不过，齐高帝也犯了急于求成的毛病。他设立"硬性工作指标"，意在防止"检籍"的工作人员消极懈怠，但这一措施取得的效果却相反，为了确保完成任务，令史们不得不诬良为盗。

建元四年（482年）三月初八，才做了四年皇帝的齐高帝驾崩，他的长子萧赜继承大统，是为齐武帝。齐武帝并非深宫长大的君主，曾长期在刘宋朝担任官职，经历过血腥的政治斗争和战火烽烟，所以他颇思振作。由于与父亲观念一致，他继续大力推行"检籍"工作。为什么这项工作还没结束呢？这是因为"黄籍"三年制作一次，建元元年籍册中审查出的问题是否全部纠正，新的户籍登记是否有问题，都是新籍册重点审查的内容。齐武帝主要做了三件事：提拔工作先进份子，对州郡官员薪俸和杂供的征收制定统一标准，加大对户籍造假的惩罚力度。

◀ 齐武帝景安陵西侧破损之麒麟（拍摄：宅在电脑前的白衣客）

①《南齐书·虞玩之传》记载，"至世祖永明八年，谪巧者戍缘淮各十年"。可知齐高帝建元年间对户籍造假者即予以戍边惩罚。但《南史·茹法亮传》记载吕文度"以奸佞诏事武帝……又启上籍被却者，悉充远戍"，可知齐高帝时并非对户籍造假者全部惩处，理解成罪行严重者戍边比较合理。

第一件事是为了树立典型，让官吏都来效仿。已知被提拔的是临海郡人吕文显。他是庶族出身，齐高帝的宠臣，现在又获得齐武帝的青眼被提拔为中书通事舍人，掌管诏书的起草与发送。齐武帝时四位中书通事舍人分驻尚书、中书、门下、集书四省，称为"四户"，是加强皇权与中央集权之举。

第二件事可以算作虞玩之早先建议的缩水版，不过有比没有要好。需要说明的是，这次的建议并非虞玩之所提，而是来自齐武帝的二弟豫章王萧嶷。

第三件事是要达到奖惩结合的目的。这时又一位齐武帝的心腹、时任制局监的会稽郡人吕文度出场了。这位庶族出身的近臣向齐武帝建议，将所有户籍造假的人士全部发配戍边。齐武帝显然比父亲更为自信，批准了这一建议。这下，一大批涉及户籍造假的人被押送到淮河沿岸充当苦力。

唐寓之起事

尽管"检籍"工作不断强势推进和深入，可是消极对待者仍然不少。如永明二年（484年）冬出任征南将军、湘州刺史的王僧虔，他出身著名的琅琊王氏，"清简无所欲，不营财产，百姓安之"。其实这段史书记载，隐晦地折射出士族出身的王僧虔对"检籍"这一类工作并不上心。还有士族张岱，出身吴郡张氏，年轻时被举荐为吴郡上计掾，负责一郡每年的工作汇报，他对此琐细工作不屑，不去上任。永明元年至二年任吴兴太守，南齐书本传称"晚节在吴兴，更以宽恕著名"。何谓晚节？就是不干这些实务。而"垂心治务""专务刀笔"的齐武帝需要的是"治称清严"的官吏，"宽恕"与之相对，自然就知道他对"检籍"等系列工作的态度了。

随着朝廷部门内的"检籍"工作的持续，各种问题也在不断涌现。除了前述的诬良为盗之外，缺乏他律又不能自律的一部分"检籍"官吏将这项工作变成生财之道。庶族出身的他们大肆进行权钱交易，只要你付得起一万多钱，就可以修改户籍档案的内容。也就是说，原本为了剔除户籍造假而推行的"检籍"，现在却成为庶族富户们户籍造假的方便之门。以至于"应却而不却，不须却而却。所却既多，理无悉当。怀冤抱屈，非止千百"。由于"检籍"机构的权威性，他们甚至投诉无门。特别是齐武帝即位后，无数无辜的百姓因为无权无势又无钱，被当作户籍造假的替罪羊被罚充边，民间愤怨。

此外，"检籍"只是手段，其目的是要通过"检籍"查清真实的户口，按照正确

▶ **1972年南京灵山南朝墓出土文吏俑（原载《中国陵墓雕塑全集·魏晋南北朝》P131）**

的户籍档案征收赋税、征发徭役。在"检籍"实施过程中，是一系列催缴税役的组合拳，特别是对富庶地区进行额外加税。比如为了弥补浩大的军费开支，齐高帝建元初年，浙东五郡（会稽、临海、永嘉、东阳、新安）加征丁税，每丁一千钱。无论是被合理审查出来的富户，还是被冤枉的贫户，都不情愿承担这么沉重的负担。

永明三年（485年），又是一个大造户籍簿册之年，也是"检籍"工作的重头年。扬州作为王朝核心区，"检籍"的力度与强度非其他地区能比。而且富庶的扬州，特别是三吴（吴郡、吴兴郡、会稽郡）地区必定是重中之重。同时，扬州境内又遭遇旱灾，生活更加艰难。在这种形势之下，有人站起来带头反抗了。他就是唐寓之。

唐寓之是富阳人（今浙江省杭州市富阳区），家传替人看风水找墓地。依当时的情况，普通老百姓是乱葬岗上随便埋的，能请得起唐寓之的大多应是官吏、富户、商人等，他可谓游走于中上层社会。而且，看风水得四处游历，生意也不固定一地，所以他侨居在桐庐县（今浙江省杭州市桐庐县）。从他后来造反截断当地商路来看，这一带商人比较多，是他经营业务的对象。那么问题来了，这个侨居究竟是什么意思呢？虽然历史材料不多，但笔者觉得他的户籍多少是存在问题的，即他可能通过行贿或易地而居躲避"检籍"。当然"检籍"的影响还远不止如此，户籍造假的主力基本上就是唐寓之的客户。在政府不断严厉打击下，他的生意被严重影响。生活来源受损，又眼见中上层社会成员和普通百姓都积怨满满，于是头脑灵活的唐寓之就有了造反的心思，想要与命运搏一把。

作为风水师，唐寓之很懂得蛊惑煽动那一套。本就神神道道的他精心为自己设计了一套说辞，包括自己的祖坟有王者之气，自己又在山间偶然捡到一颗金印之类。王者之气这种虚无缥缈的东西反正只有他看得见，金印又可以造假，特别是见多识广的他造的假金印很像那么回事。当这些玄之又玄的东西，从他那张能把死人说活的铁嘴里倒出来的时候，不少人就信了。信是一回事，关键还是"检籍"的逼迫，庶族地主、富商以及逃避土断的北方侨民、普通破产百姓等都受波及。到当年冬天，唐寓之就拉起了四百号人的起义队伍。

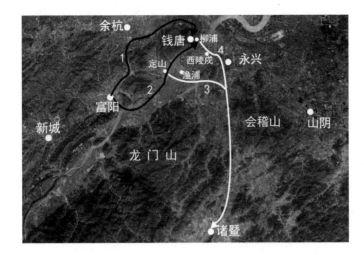

◀ 以百度卫星地图制作的唐寓之起义军推进路线示意图。黑线1、2为富阳至钱唐县的可能路线，白线3、4为进攻诸暨的推测路线。2、4路线为正文叙述采用路线。从中可以看出山地对行军路线的影响（制图：爱澜）

　　虽然比大泽乡的人还要少一些，但唐寓之和手下人却觉得看到了希望。他们先到新城河边切断了商路，打劫商旅，集聚物资。据说唐寓之在今富阳区舒湾村还修筑了土城作为基地。随后，起义队伍扩大活动范围，进逼县城（今杭州市富阳区新登镇）。当时南齐的内地县并没有强大的武装力量，一部分县城也没有高大的城墙和护城河设施。按《咸淳临安志》记载，新城县已知最老的旧城是唐朝徐敬业所筑，不可能有效抵御进攻。所以新城县令陆赤奋吓得弃县而逃。比陆氏不如的是桐庐县令王天慜。他有城可依，据康熙年间的《桐庐县志》记载，在今县城以西大约25里处有吴黄武四年（225年）修筑的城池，但他仍然弃城而逃。更令人费解的是，看起来罪责更大的王天慜跑回了都城建康，而情有可原的陆赤奋却找地方藏了起来。这大概是性格或后台软硬使然，也可能是史书记载遗漏了什么吧。

　　如此轻松地夺取了两个县，唐寓之大受鼓舞，率领起义军边抢掠边朝家乡富阳县杀去。富阳县令何洵一样没多少人马，但他有城池——东吴时建的东安郡城，周围760步，位于今富阳区富阳镇北，只是缺乏防守的兵丁。何洵立即采取措施，要求鱼浦子逻主从系公发动鱼浦村男丁到县里防御。这逻主是当时一种低级吏职，负责维持地区的治安任务。不知是仓促之间未能组织起来，抑或组织了之后毫无战斗力，他们并没能阻止起义军的进攻。此时，隶属于会稽郡的永兴县（今杭州市萧山区）没有作壁上观，派出救兵——县内西陵戍（今杭州市萧山区西兴街道）戍主夏侯昙羡率所属将吏戍卒以及附近埭上的税务人员、平民赶赴富阳。按照黎虎先生的论证，将吏是介于统帅与士卒之间的中下级将佐吏员，可以认为是中低级军官。将吏与戍卒虽然有一定军事素养，但可能数量不多，而且久疏武事，依然没发挥作用，堂堂一座富阳城还是失守了。刀马还乡的唐寓之没有停顿，继续带领队伍向东，直取钱唐县（今杭州市上城区凤凰山东麓）[1]。

钱唐疑云

钱唐县的争夺，值得拿出来单独说道。钱唐始见于史籍是在《史记·秦始皇本纪》，"三十七年十月癸丑，始皇出游……至钱唐"。按秦始皇二十五年灭楚立会稽郡及二十六县来看，钱唐县建立的时间更早。至于县治位置，则多有争议。根据地质学和考古学的研究，古时候浙江（即钱塘江）的入海口还没有向东延伸这么远，今天杭州城区东部还处于海水浸泡之中。大约两千六百年前，海面下的沉积沙洲开始露出水面，形成沙漫滩。依靠西湖东北和东南低矮山岭的保护，两地周围以及之间的沙漫滩逐渐扩大并稳定下来，于是先民迁移而来，分别在今日武林门、钱塘门一带和凤凰山东麓形成了较大的稳定的镇邑聚落。现在一般倾向于认为秦、西汉县治尚在灵隐一带，东汉的县治已位于今日武林门、钱塘门一带。大约在晋宋之际，钱唐县治又迁到了凤凰山东麓，聚落也向北延伸到吴山一带。新县治东面就是柳浦（今杭州市上城区三廊庙），这在当时是个重要渡口。从地图上看，富阳与钱唐之间被西湖南侧的山地所阻隔，柳浦以西的江岸也没有如今开阔的之江路，江水就贴着山脚流淌，所以从富阳到钱唐，要么走水路沿浙江东下至柳浦渡口上岸，要么走陆路先北上到余杭，再向东绕行西湖北、东两侧。唐寓之的起义军恰恰选择的是水路。

在起义军进军的同时，齐朝地方官也在运筹帷幄、排兵布阵。义军的第一个对手是平东将军、吴郡太守、西丰县侯沈文季。沈文季，字仲达，吴兴郡武康县人，是刘宋名将沈庆之的第二个儿子。虽然他自己耻为将门，但沈庆之被诛杀之时，他曾挥刀驰马冲出府宅，后来又为宋明帝征战沙场，协助齐高帝平定沈攸之的叛乱，所以说他有一定勇略并不为过。而且，武康县距离吴郡不远，他在平定沈攸之叛乱时又出任过督吴兴钱唐诸军事，对当地情况不可谓陌生。眼下，被起义军占领的三个县以及被攻击的钱唐县都属于他的辖境，他自然心急如焚，立即增派兵力和武器支援钱唐县，希

---

[1] 《南齐书》中，同时存在"钱唐""钱塘"两种说法，州郡志与多数列传中作"钱唐"，武帝纪、祥瑞志及沈文季等列传中作"钱塘"。本文按学界主流取"钱唐"，但直接引用典籍则保留原文写法。

望能立即遏制唐寓之的攻势。

义军的第二个对手是会稽郡丞张思祖。尽管起义军兵锋所指的钱唐县在浙江北岸，但南岸就是会稽郡所辖的永兴县，需要预作防备。按正常情况，指挥调度的应该是会稽郡守，但此时使持节、散骑常侍、都督会稽东阳新安临海永嘉五郡军事、镇东将军、会稽太守王敬则正因私自杀人在建康接受齐武帝的质询[①]，这等急事就只能由他的副手会稽郡丞张思祖来办理了。张思祖安排在郡的朝廷使者孔矜、王万岁、张绲等率领将吏以及武装壮丁分守会稽郡所属十县，严加防范。

起义军直接面对的则是钱唐县令刘彪、戍主聂僧贵。在得到沈文季派遣的增援力量之后，刘、聂两人本着"兵来将挡"的态度，派遣一个叫张玗的队主带领士兵在小山阻击。队主是低级军官，正常情况一队有百来人，从当时的情况看，也不算太少了。然而不知是实际兵力不足，还是起义军的战斗力超出预期，小山之战官军失败了。按照《南齐书·沈文季传》的说法，唐寓之随后在抑浦登陆，举火焚烧县城，刘彪吓得弃城而走，而聂僧贵的下落就不得而知了。

现在问题来了，我们前文说走水路是在柳浦登陆，而不是什么抑浦，这又是怎么回事呢？根据中华书局诸版、上海古籍版《南齐书》，均为"抑浦"。而且，在所有

①《南齐书·王敬则传》记载："（永明）三年，进号征东将军。宋广州刺史王翼之子妾路氏，刚暴，数杀婢，翼之子法明告敬则，敬则付山阴狱杀之。路氏家诉，为有司所奏，山阴令刘岱坐弃市刑。敬则入朝，上谓敬则曰：'人命至重，是谁下意杀之？都不启闻！'敬则曰：'是臣愚意。臣知何物科法，见背后有节，便言应得杀人。'刘岱亦引罪，上乃赦之。敬则免官，以公领郡。"

▶ 用百度卫星图为底，参照《南宋以前杭州城郭考》，按笔者自己的理解绘制的示意草图。图中白色线为水岸线；白色圆点1为钱唐县治所在，2为新城成，4为柳浦；红色三角3为馒头山（制图：爱澜）

注释中没有说存在"柳"字的版本。独阚维民先生在《六朝钱唐县聚落的地理分布》一文中直接引用《南齐书》记载，说是"柳浦"。不知道阚先生依据什么做出这样的认定，虽然"柳""抑"字

形相近，确实存在传抄误笔的可能，从军事地理角度而言也更合理，但这个字是不是真有错，目前难以定论，因为无法确证抑浦不存在。

此外，阚先生还立足柳浦登陆论进一步推测前文所述"小山"为馒头山。馒头山在柳浦西北凤凰山东，从地图上看更像是钱唐县治之外的一座屏障。由此我们可以脑补出这样的情节：起义军先锋或一部在柳浦登陆，推进至小山挫败南齐官军，之后唐

◀ 站在凤山门公交枢纽处自东向西拍摄的馒头山。箭头所指即山顶，右上小图为山顶杭州市气象站。如今因为建筑和高架，馒头山显得特别微小，在南朝，它却是钱唐县治的东门户

寓之率领后军或主力抵达，开始全面进攻。

　　当然，小山是否一定就是馒头山，这也未必。从当时的城池聚落来看，在钱唐县北还存在一个叫新城戍的地方，位置大约在今日吴山附近。有戍就有军营，甚至可能有简单的土城。假如新城戍的守军没有全部退守钱唐县城，而在外取掎角之势，维持到北方的交通线的安全，则起义军可能在柳浦登陆后先以一部攻击新城戍，或者就以一部在新城戍附近登陆。当吴山脚下的这场战斗取得决定性胜利后，义军主力再进攻钱唐县城。如此推测，也提供了解释抑浦存在的可能。由于史籍用语简略，这种推测并不能否定传统看法，故作为一种可能性罗列，供读者参考。

　　钱唐县失守后，最抓狂的人就是吴郡太守沈文季了。他加派所属吴、嘉兴、海盐、盐官四县的民丁，武装以后去反攻，企图趁起义军立足未稳，一举夺回钱唐。然而将吏士卒都战败，更别说这些匆匆上阵的民丁了，何况起义军也针锋相对发起了反击。

建立新政权

　　夺取了浙江以北四县之后，唐寓之继续扩大版图，企图染指浙江以南。他把起义军分成三支，一支留在钱唐县附近；一支由孙泓率领，向东南进攻会稽郡；一支由高道度指挥，进攻南面的东阳郡（今日浙江省金华市）。此时他可能犯了个跟后世方腊起义军相同的错误，就是忽视了北方的威胁，分兵散地。因为史料缺乏，我们无从得知他的全部决策依据，只知道唐寓之听说王敬则去了建康，就此认为会稽官军守备空虚涣散，可以轻易拿下。

　　起初，三路义军基本是从胜利走向胜利的。北路分两支，分别拿下了盐官县和吴兴郡的余杭县。盐官县令萧元蔚未战即弃县而走，余杭县令乐琰则是率吏民力战失败后才逃跑的。两人都逃回了建康。

　　东路起义军的行动更为迅速，按史书记载是"袭"。孙泓应该是自钱唐、富阳之间渡过浙江，先进攻永兴县，再进攻会稽郡治和诸暨县。尽管史书没有直接记载永兴县失守，而记述了诸暨县的失守，但是我们不能认为起义军是直接进攻诸暨的。因为从当时的地理环境上看，直接从浙江北岸渡江，翻越山岭进攻诸暨并不现实。而兵围永兴县，分一支偏师沿浦阳江河谷北上，倒是合理的方案。需要补充说明的是，陈桥驿先生认为，当时浦阳江跟现代一样汇入钱塘江，在汇入处有一大湖名鱼浦。而现代一些专家如朱海滨、王志邦，就认为鱼浦湖不存在，当时浦阳江亦不入浙江而是走今

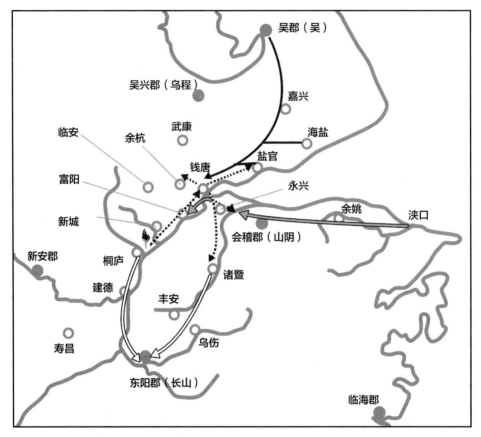

▲ 唐寓之起义作战经过示意图。点线箭头为唐寓之进军路线，白色箭头为唐寓之攻东阳郡可能路线；黑线箭头为吴郡官兵进军路线，灰色箭头为会稽郡官兵进军路线（制图：唐思雯、爱澜）

日西小江水道入海。这对于考证行军可有影响？笔者认为是否定的。如果义军自定山浦渡浙江走鱼浦入浦阳江河谷，还是要留一支部队进攻永兴或防备永兴方向才合理。不管历史上的地理细节如何，起义军一部顺利沿浦阳江河谷而上，直逼诸暨县，县令陵琚之未战即弃县而走，并效法陆赤奋藏匿了起来。

　　西路军的行动比较迟缓。从地图上看，该路存在两条可能的线路，一是自诸暨南下翻越山岭进入乌伤县，再沿今日义乌江攻东阳郡（东线）；一是逆浙江而上经建德县入谷水（今日兰江）河谷，溯流而上至今日金华江河口，再进取东阳郡（西线）。究竟是哪一条路线呢？史书并无明载。笔者暂时倾向于前者。因为这样能与前面孙泓部队的行动情况形成对应。不过，在此也要强调，并不是所有的完整体系都符合历史

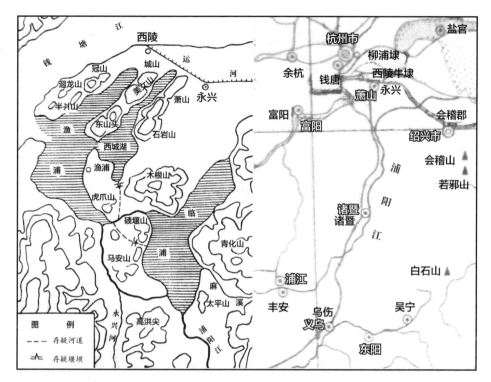

▲ 左图为陈桥驿先生认为的渔浦说示意图（原载陈桥驿《浙江古今地名词典》P464），右图为浦阳江走西小江水道的示意图（底图来自谭其骧《中国历史地图集·东晋十六国南北朝时期》P2）

▲ 因登鼓楼需买门票，站在鼓楼之下向南拍摄。如今正面是中山南路小吃街，街东即照片以左在南朝时是海滩，右侧街西一带即可能是当年的新城成所在地

事实，世间事物未必按照人所设想的严密逻辑发生与发展。后来南齐御史中丞徐孝嗣的上奏中曾提及"建德、寿昌在劫断上流，不知被劫掠不？"可见从新城攻击建德、寿昌是有路的。特别是《宋书·州郡志》记载从建康到东阳郡"水一千七百"，而赵宋初年《太平寰宇记》中亦记载婺州（即东阳郡）至睦州（即建德县）"陆路一百六十里，水路一百八十里"来看，走这条西线的可能性一点也不低，甚至走水路的可能性为大。

随着各路起义军取胜，远近因纠正户籍受株连的人纷纷来投，队伍扩大到三万之众。钱唐县的富户也纷纷声援，如富户柯隆献铤千块。"铤"其实就是铜铁矿，用于冶铸兵器。从他提供这些物品以及后来被唐寓之任命为太官令来看，他很可能是矿主、铜铁商、冶铸场主或三者兼而有之。

看着形势喜人，唐寓之心急火燎地开始筹备自己的皇帝梦。永明四年（486 年）正月初一①，他欢天喜地地在钱唐县正式称帝，建国号吴，年号兴平，还立了太子——他像齐高帝一样开始期望江山能传递延续了。做了天子就要有天子的住处，唐将宫殿设在了新城戍，钱唐县衙的房子则作为东宫。

政权建立了，还需要任命官吏。史书记载的任命包括唐寓之的弟弟唐绍之出任扬州刺史，钱唐县富户柯隆被任命为尚书仆射、中书舍人（中书通事舍人的简称）兼太官令，孙泓授会稽太守。依照唐的经历，他对官制应多少有些了解，但又不完全明白朝廷内的制度运作，所以对柯隆的任命多少留下戏谑的成分。当然这种误会，也反映出民间对朝廷官职的认识，可以窥见在老百姓眼中中书舍人是一个权力很大的官职。

此时，东路进攻会稽郡治的起义军出现了波折。我们不知道当时孙泓有没有顺利拿下永兴县，但这并不重要，因为如果已占领永兴，他会全师进发，否则，他也会派出一支精锐轻兵急袭。但不管如何，唐寓之企图趁王敬则不在而一举成功的算盘打错了。会稽郡丞张思祖举措得当，从东面调集兵吏壮丁，交给浃口（浃江入海口，浃江即今日甬江）戍主汤休武指挥，在浦阳江边迎击孙泓。这是一次决定性的战役，孙泓部在汤休武的海防兵丁和义勇面前遭遇惨败。也就是说，无论是全师进发的对垒，还是轻兵精锐的突击，结局都一样。

---

① 《南齐书·沈文季传》记载"是春，寓之于钱塘僭号"。按此"是春"乃指永明四年春天。《南齐书·武帝纪》记载永明四年正月甲子条"富阳人唐寓之反，聚众桐庐，破富阳、钱塘等县，害东阳太守萧崇之。遣宿卫兵讨，伏诛。"据陈垣《二十史朔闰表》，永明四年正月甲子乃正月初二，初二既已被杀，那么唐称帝建元只能在正月初一。又依唐寓之的人际关系，对朝制的了解，正月初一正式称帝建元也比较合理。

东边日出西边雨，东墙有损西墙补。进攻会稽虽然失败，但西路军却取得了成功。高道度指挥部队进攻东阳郡。东阳郡太守是齐高帝的族弟，现任齐武帝的族叔萧崇之。作为皇亲，萧崇之不可能向叛乱者低头，因为他守护的是自己家族的利益，一荣俱荣，一损俱损。所以，萧崇之与郡治所在地长山县的县令刘国重一起率兵丁迎战。尽管相对孙泓的"袭"，高道度的进军速度要慢很多，但萧崇之、刘国重还是兵败，两人均战死沙场。

另外值得一提的是，东阳郡金华山本有一位叫楼惠明的修道人，他在永明三年突然离开当地，去了吴兴郡的临安县。起初乡民都不明就里，直到唐寓之的部队兵临城下，就有人说这位楼道长是未卜先知。其实，这不过是道士的附会而已。

至此，在永明四年唐寓之建立政权之时，他至少占据了扬州管内三郡所属七个县，可能涉及四郡所属十县以上[1]，势力达到了顶峰。然而谁也没想到这个政权即将在瞬间消亡。

萧公雷汝头

当唐寓之起兵造反的消息传到建康时，齐武帝正与二弟——官居侍中、使持节都督扬南徐二州诸军事、中书监、太尉、扬州刺史的豫章王萧嶷在乐游苑里玩赏。乐游苑位于建康宫城北部，大约在今日南京玄武湖南、北京东路北，从公教一村到九华山公园一带。东晋年间这里是药圃。当年卢循起义军进逼建康时，东晋将领刘裕曾在此筑垒防御。元嘉十一年（434年）之前，宋文帝将此地改成皇家园林，并在覆舟山（今南京市玄武区太平门内九华山）建造道教宫观，称北苑，后又改名乐游苑。大明年间，宋孝武帝又增筑正阳殿、林光殿、凌室（即藏冰室，供太庙祭祀及皇宫饮食所需）。[2]

---

① 依据《南齐书·沈文季传》可知县治被破的包括吴郡所属盐官、桐庐、新城、钱塘、富阳，吴兴郡所属余杭，会稽郡所属诸暨，合计七县。另东阳郡所属长山县，会稽郡所属永兴县未明确说占领，但前者从郡守、县令均战死看，陷落的可能性很大，而后者根据《南齐书·顾宪之传》曾提及永明六年"又永兴、诸暨离唐寓之寇扰，公私残烬"，恐怕也陷落了。而攻占东阳郡长山县，走西线至少需夺取吴郡的建德，可能占领寿昌县；走东线必须占领东阳郡的乌伤县，可能占领丰安县。所以可能最大超过十县。

② 《宋书·孝武帝纪》记载"是月（孝建元年正月），起正阳殿"。《宋书·礼志二》记载"孝武帝大明六年五月，诏立凌室藏冰……凌室在乐游苑内"。《舆地志》记载"孝武大明中，造正阳、林光殿于内"。笔者怀疑正光殿可能是正阳殿与林光殿的简称或漏字，而顾野王的《舆地志》则误将造殿时间与造凌室时间含糊混淆。

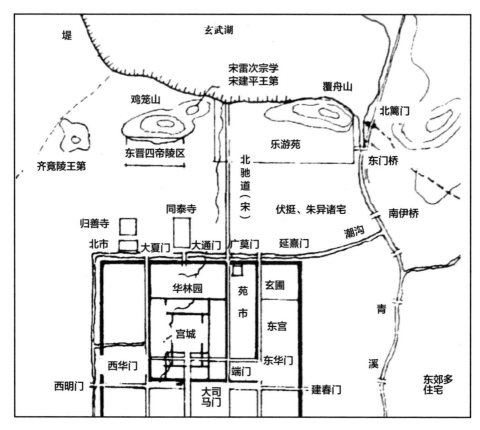

▲ 乐游苑相对建康宫城的位置。此为南朝建康平面推想图局部（原载潘谷西《中国建筑史》P58）

▲ 今日南京城墙上所见覆舟山（今名九华山），此山在当年的乐游苑之中（拍摄：重读南京寻访团）

两个身份如此尊贵的人，在这样一个轻松惬意的环境里，听到这个坏消息，场面是极其微妙的。为何？齐高帝登基后，曾有意废当时身为太子的齐武帝，改换能力不亚齐武帝的萧嶷做接班人。虽然这个想法没有施行，但可以想象齐武帝的内心是恼火的，对同母亲弟弟是猜忌的。萧嶷为了自保，不仅身居高位却不参与朝廷事务，还不断上奏章要求减少礼仪待遇。齐武帝则一面坐看群臣挑剔萧嶷在礼节方面的小问题，一面又不断给予褒扬和厚待，显示自己的宽容大度，友爱亲情。现在，唐寓之事发，作为扬州军政一把手的萧嶷不得不表达自己的看法，而且既不能太高明，又不能太离谱。尤为困难的是，萧嶷对"检籍"是颇有看法的，如何委婉地劝谏又不激怒天子呢？史书并未记载下萧嶷的话，从零星的记载推测，萧嶷很可能对唐寓之造反表示了稍显过度的担忧，倾向于采取绥抚手段，显示出一种懦弱的态度。齐武帝对此不以为意，意气风发地掷出一句："宋明初，九州同反，鼠辈但作，看萧公雷汝头。"当年刘宋朝宋明帝谋杀侄儿前废帝，抢得帝位，引发全境反叛，只占据建康周边几郡之地。当时齐武帝跟随父亲站在宋明帝这边，四处平叛，一举功成。如今小小的唐寓之作乱，又怎入得这位时代弄潮儿的法眼呢？他果断拍板，迅速派遣台军(中央禁军)前往平乱。

齐武帝派遣的带队主将很可能是冠军将军、前军将军陈天福[①]，其他将领见诸史籍的还包括左军将军、中宿县子刘明彻，以及未知具体官衔的周奉叔。这支军队的兵力有数千人，含几百名骑兵。陈天福在《南齐书》中无传，只知道他是齐武帝的宠将，也是一名出色的骑兵将领，擅于骑马用槊，他的骑术和槊法在南齐军中长期被奉为教范。冠军将军是其将号，可以按军衔理解，前军将军则是其职务。刘明彻亦无记载，但笔者怀疑他出身平原刘氏，跟南齐开国将领刘怀珍、刘善明有关，甚至自己就是久经沙场的开国勋臣，所以有中宿县子这一爵位。另外，左军将军是其职务，与陈天福平级，但位次在陈天福之下。周奉叔则是名将周盘龙之子，以勇武善战著称。同时，齐武帝也没有一味依赖暴力，他派遣宁朔将军、右军将军兼中书通事舍人、领淮陵太守刘系宗随军行动。这位刘系宗并不指挥作战，而负责安抚民心。也就是说，齐武帝派遣的将领都是一时之雄，禁军精锐，又配置了安抚官员，可以软硬兼施，仿佛可以轻而易举地镇压这些"刁顽暴民"。

可是，古语说得好，"季孙之忧，不在颛臾，而在萧墙之内也"。"检籍"的矛

---

① 相关史籍并没有记载本次讨伐的主将，殊为可疑。根据已知将领的官位，最高的为陈天福。且从后来军队抢掠而导致陈天福被处死看，他是统帅而非一般将领的可能性亦大。

▶ 青釉三足砚，出土于福州市桃花山（原载杨可扬《中国美术全集·工艺美术编·1陶瓷》上册P179）

盾点也一样。这前脚台军步骑耀武扬威地刚出发，后脚朝廷之内的分歧就暴露出来。出来唱反调的还是那位豫章王萧嶷。他给皇上写了一封书函：

"此段小寇，出于凶愚，天网宏罩，理不足论。但圣明御世，幸可不尔，比藉声听，皆云有由而然。岂得不仰启所怀，少陈心款？山海崇深，臣获保安乐，公私情愿，于此可见。齐有天下，岁月未久，泽沾万民，其实未多，百姓犹险，怀恶者众。陛下曲垂流爱，每存优旨。但顷小大士庶，每以小利奉公，不顾所损者大，搞籍检工巧，督恤简小塘，藏丁匿口，凡诸条制，实长怨府。此目前交利，非天下大计。一室之中，尚不可精，宇宙之内，何可周洗！公家何尝不知民多欺巧，古今政以不可细碎，故不为此，实非乖理。但识理者百不有一，陛下弟儿大臣，犹不皆能伏理，况复天下悠悠万品！怨积聚党，凶迷相类，止于一处，何足不除？脱复多所，便成纭纭。久欲上启，闲侍无因，谨陈愚管，伏愿特留神思。"

细品此文，内涵丰富。他首先顺着齐武帝的意思承认叛乱者是"小寇"，不足理论；接着小心翼翼地表示自己听到了一些舆论，觉得事出有因，不得不对皇上剖陈心迹；然后绕着弯子说齐朝建立的时间还不长，人民尚未享受到新朝的恩惠，民情不安，虽然齐武帝十分仁德，但下面的人却十分严苛，如此严厉的"检籍"导致人民对新朝不满。他还明确指出"检籍"这事只是求眼前利益的手段，而非长治久安的政策；旋即大谈为政需宽，因为一间屋子尚有无法顾及的角落，何况是国家。文字所及，处处为齐武帝找台阶，但又将反对的观点表达得淋漓尽致。此后，他笔锋一顿，提醒这次仅仅是一方面的小矛盾，很好解决，但像这样的问题多了，就麻烦了。这篇文章看似轻描淡写，实则警示味道浓郁。最后他表示这些愚蠢的见解我憋了很久了，一直找不到机会说，请皇上特别留意——这其实是说，"检籍"这事我一直觉得不对，皇上要考虑一下反对者的意见了。

我们不知道萧嶷这封上书的动机，可能是真心为萧家的千秋万代考虑，抑或受了朝野反对派的影响，站出来进谏。但是，齐武帝看到这样的上书，想必心火一蹿三丈高。他的答复是严厉而强硬的："欺巧那可容！宋世混乱，以为是不？蚊蚁何足为忧，已为义勇所破，官军昨至，今都应散灭。吾政恨其不办大耳，亦何时无亡命邪！"在他看来，你萧嶷跟我同样经历了刘宋末年的乱世，怎么还会持这种错误观念。哪朝哪代没有亡命之徒？跟他们有仁德可讲吗？当然，齐武帝的言外之意亦是双关。"恨其不办大"和"亡命"既明指唐寓之，也暗示萧嶷，你好好做太平王，别对朝政指手画脚，我可没忘记过去的事情。你要没其他想法最好，有，我也能对付。经此敲打，萧嶷应该对"检籍"之事再难开口了。

平定内乱

内部意见暂时压制下去了，外部的平乱行动也出人意料地顺利，齐武帝的"都应散灭"一语成谶。

台军部队具体哪一天出发的史无明载，但可以肯定的是，永明三年十二月就应该出发了。从地图上看，走太湖西侧义兴郡—吴兴郡—钱唐县这条近路的可能性为大。次年正月初二，台军部队在钱唐一带与起义军交手。这一次，轮到唐寓之一败涂地了。他也在当天"伏诛"，不知道是在战场上战死，还是被俘后牺牲。由于史籍记载极为简单，我们不知道作战的具体过程，也难以分析起义军失败的原因，一般后人的讨论通常认

▼ 云南昭通东晋霍承嗣墓壁画中的甲骑，南朝骑兵大体类似（原载杨泓《中国古兵器论丛》P59）

▼ 今人所绘镇压唐寓之起义，非写实（原载龚延明主编《中国通史》（绘画本）P295）

为是起义军成分复杂，缺乏理想驱动，以及不适应官军骑兵冲击等。笔者以为，从时间上分析，还很有可能是唐寓之正在忙于登基等事务，疏于应付；起义军沉浸在过年氛围中，准备不足；早先的进军顺利导致警备松懈，起义队伍急速膨胀混入了内应等。

胜利来得太快，趾高气扬的台军开始发泄多余的精力。他们四处烧杀劫掠，制造着新一轮的恐慌。陈天福、刘明彻等人对部下这种情状不闻不问，恣意放纵——士兵们提着脑袋打仗，胜了抢一点算什么。前面就说了，参与户籍作伪的人多是富户，本身就牵涉许多官吏，这一烧杀抢掠自然激怒了他们。当部队凯旋时，这些事情也恰好反馈到建康宫廷。齐武帝听说情况后大为恼怒。他是想借这次平乱树威的，却没想到自己人不争气，反而给人口实，捅了马蜂窝。面对朝廷上下的怨言，作为皇帝也不得不有所顾忌，只能弃车保帅，挥泪斩马谡了。闰正月初五[1]，一代骁将陈天福在建康被斩首。刘明彻也被免官削爵，发配少府管辖之下的东冶，作为官奴劳动。这些惩罚不可谓不重，一时之间震慑了朝廷内外。

▼ **今日南京狮子山东南的大照壁，2008年在此照壁对面发现了六朝城墙，被认为可能是齐朝修建的白下城（拍摄：汉服骑射）**

①《南齐书·武帝纪》永明四年正月条记载："丁酉，冠军将军、马军主陈天福坐讨唐寓之烧掠百姓，弃市。"据陈垣《二十史朔闰表》，正月癸亥朔，不存在丁酉日。丁酉日应该是当年闰正月初五。同时，笔者以为，按原文前后分别为"甲子"日和"辛卯"日，两日均正确，其间文字又很长，错行的可能性很低，推测乙酉（二十三日）、丁亥（二十五日）两日也存在可能，尤其从字形上讲，以乙酉可能性更高。

出征的将领中有两人例外，分别是刘系宗和周奉叔。前者好理解，皇帝就是让他搞安抚去的。他对唐寓之胁从的百姓不加治罪，全部释放，让他们回家归籍。齐武帝对此十分满意，召见刘系宗时高兴地说："此段有征无战，以时平荡，百姓安帖，甚快也。"并赏赐他大量钱帛。不过，百姓们也不可能一点没代价，当齐武帝想增筑白下城（在今江苏省南京市鼓楼区，一说在兴中门与钟阜门之间的狮子山，一说在中央门外北固山），加强建康的防卫力量时，根据刘系宗的提议，这批人统统被召集起来服苦役。事后，刘又得到皇帝一句称赞"刘系宗为国家得此一城"。

后者则严格约束部下，不参与这种狂欢。是周奉叔比其他将领有良心吗？不。周在过去，也跟这些将领一样，还以抢掠闻名。那为什么这次他这么守规矩呢？史书上说是"畏上威严"。这就奇怪了，难道过去不畏偏偏这次畏了呢？或许周在出发前，他的老爹周盘龙或幕府内的高人有过指点，指出这次讨伐跟过去不同，让他不要放肆；或者参与造反的不少是白籍侨户，周奉叔自己也是侨户，惺惺相惜。但更为可能的是，他是齐武帝太子萧长懋的亲信，是萧长懋或萧长懋身边的谋臣给了他指示，要他着意收敛。这份谨慎，为他换来东宫直阁将军一职，负责东宫的日常轮班值守。这说明他因为这次的表现，赢得了皇帝的充分信任。

严肃军纪、奖赏将领的同时，对地方官吏的追责也在进行。负责官员监察的御史中丞徐孝嗣根据已掌握的情况对失职官员进行了弹劾。他认为在这次平乱中，暴露出郡县主官缺乏作战的适当对策与谋划，府库侵吞损耗现象严重等问题。他将已知处置不力的官吏分为三类。第一类如盐官县令萧元蔚、桐庐县令王天愍、新城县令陆赤奋、诸暨县令陵琚之，都是不战而逃，建议处死；第二类如钱唐县令刘彪、富阳县令何洵、余杭县令乐琰，都进行了抵抗，不敌才退却，处以限制人身自由的惩罚；第三类是会稽郡丞张思祖、吴郡太守沈文季、吴兴太守萧鸾，他们负有领导责任，允许张思祖、沈文季继续在岗位上管事，萧鸾则处以罚款。令人大跌眼镜的是，齐武帝对他们却网开一面，对第一类仅免官而已，而对张、沈、萧三人则予以宽恕。可能齐武帝也考虑到抵抗的困难，在朝野民间对"检籍"颇有抵触之时，不宜大兴刑狱，打击基层官员开展工作的热情。其他三人中，张思祖本来就是顶王敬则的班，已然尽力，虽有不足，也可以原谅。沈文季与齐武帝渊源之深非同一般，在吴郡想必是推行"检籍"尚算得力，不宜重惩。萧鸾则是齐高帝的二哥始兴王萧道安的儿子，算起来是齐武帝的堂兄，何况吴兴郡只是一县受牵连，不宜惩罚过重。

接下来的事就更有意思了。沈文季被调离吴郡，取代王敬则出任会稽郡太守。不知为何，沈坚决推辞此职，于是改任都官尚书，掌管刑狱。齐武帝另安排自己的第八个儿子随郡王萧子隆出镇。吴郡何人接替，史无明载。同时，萧鸾也调离吴兴郡太守，入朝担任中领军，反而又升官又掌军权。接替他的是得到齐武帝信任的老将李安民，此时他已经年近花甲，就差一步进棺材了。

甘肃酒泉北凉墓壁画《乐伎与百戏图》（局部），注意左起第三人弹的就是琵琶（原载《中国人物画魏晋卷》P150）

《南齐书·沈文季传》记载齐高帝时提到"文季风采棱岸，善于进止。司徒褚渊当世贵望，颇以门户裁之，文季不为之屈。世祖（即齐武帝）在东宫，于玄圃宴会朝臣。文季数举酒劝渊，渊甚不平，启世祖曰：'沈文季谓渊经为其郡，数加渊酒。'文季曰：'惟桑与梓，必恭敬止。岂如明府亡国失土，不识枌榆。'遂言及虏动，渊曰：'陈显达、沈文季当今将略，足委以边事。'文季讳称将门，因是发怒，启世祖曰：'褚渊自谓是忠臣，未知身死之日，何面目见宋明帝？'世祖笑曰：'沈率醉也。'中丞刘休举其事，见原。后豫章王北宅后堂集会，文季与渊并善琵琶，酒阑，渊取乐器为《明君曲》。文季便下席大唱曰：'沈文季不能作伎儿。'豫章王嶷又解之曰：'此故当不损仲容之德。'渊颜色无异，曲终而止。"细品这两个故事，再联系褚渊很早就投靠齐高帝，成为其代宋的关键以及齐高帝曾欲换萧嶷为太子，时为太子右卫率之职的沈文季在东宫、豫章王宅不给褚渊面子，其政治倾向性明矣。

余波难消

虽然唐寓之起义被强势镇压下去，可是"检籍"引发的积怨仍然未平。从永明四年起，齐武帝对这项工作又坚持了四年。大概受唐寓之起义的刺激，齐武帝又采取了一些经济缓和手段。比如永明四年五月，他下诏，当年扬州与南徐州的户调按三分之二缴纳绢布，三分之一缴纳钱来征收。从永明五年（487年）起，各州户调折钱上缴的部分，将布的折算价格降低到四百钱一匹，而户调整体按旧的方式一半交钱一半交布，并成为定案，永不更改。将户调征收方式固定，可视作虞玩之所提建议的逐步实现，而布匹折算价格的降低则一定程度上降低了百姓的负担。

然而反对"检籍"的仍大有人在。永明六年（488年），齐武帝征询会稽郡是否可以加征税款。随郡王东中郎府长史，负责办理会稽郡具体军政事务的顾宪之借机延伸开去，大谈特谈"检籍"的问题。他认为是刘宋王朝末年征战频繁，导致税役过多，使得百姓选择户籍作伪，并习以为常。所以，靠严刑峻法企图短期收效是没用的，反而牵连过广，造成民怨沸腾，正确的做法是靠相对宽松的政策逐渐感化。尽管顾宪之属江东四大望族之吴郡顾氏，为士族名门，但是考虑到随郡王萧子隆年仅15岁，他的幕府人员是齐武帝选定的，所以顾应属齐武帝信任的官员。连这样的官员都光明正大地唱反调，朝野内外的反对浪潮可想而知，只不过史书讳去不提罢了。

时至永明八年（490年），来年又将重新登记户籍了。在强大的内外压力之下，齐武帝终于做出调整政策之举。他下诏："夫简贵贱，辨尊卑者，莫不取信于黄籍。岂有假器滥荣，窃服非分。故所以澄革虚妄，式允旧章。然衅起前代，过非近失，既往之怨，不足追咎。自宋昇明以前，皆听复注。其有谪役边疆，各许还本。此后有犯，严加翦治。"观此内容，齐武帝是颇不甘心的，开宗明义批判户籍造假的行为。但是他承认，这些问题源于前朝，所以放弃追究。同时我们注意到，升明年号的"黄籍"并不存在，也就是说自齐朝建元元年号"黄籍"以前的户籍

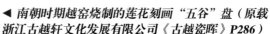

◀ 南朝时期越窑烧制的莲花刻画"五谷"盘（原载浙江古越轩文化发展有限公司《古越瓷晖》P286）

档案都免罪，已经发配边戍的，全部准许回乡，户籍登记也恢复旧状。这意味着先前的"检籍"基本失败了，但是，建元元年号"黄籍"及其以后的"检籍"成果仍然保留，户籍审查的工作也没有完全停止。当然，政策一旦松动，风向变易，办事的官吏对工作肯定不如以前上心，"检籍"工作便逐渐陷于荒废了。

　　为了安抚朝野人心，"检籍"的始作俑者虞玩之也保不住了。尽管史书记载是虞自己提出的告老还乡，其实说到底是他政治嗅觉敏锐，察觉到齐武帝的意思，主动告退让君主有台阶下而已。这位自刘宋元嘉二十八年出仕，宦海沉浮近四十年的老臣终于退出了政治舞台。此时，他的堂兄弟四十二人，仅剩他一人了。当他以"聋瞀转积，脚不支身，喘不绪气"之身离开建康时，满朝文武居然无一人为之饯行。由此可以看出，自他而始的这个"检籍"究竟得罪了多少人。还可以看到帝王之术的残酷，用人如操夜壶，急时用之，无用则任意弃之。史书上说他好臧否人物所以得罪人多，造成了这个局面，不过是表面之辞或部分原因罢了。当然，从另一个层面说，也是虞玩之自己的选择。当年，是他自己穿着旧木屐去萧道成的幕府搞了场"行为艺术"，踏上了政治这条不归路。这又该怪谁呢？虞玩之毕竟是聪明的，他没有公开埋怨，因为他知道皇上冷对他是给天下人看的，否则他又如何能全身而退？家境殷实的他在家乡造了个大宅院，安享了几年清静后病死。多年后，在萧子显的《南齐书》中，他与"并用兴王"

▼ **齐明帝萧鸾兴安陵前石兽（拍摄：宅在电脑前的白衣客）**

◀ 1982年陕西省安康市长岭乡出土的戴毡帽徒附俑，在当时南朝高门显贵的庄园内，充斥着这样的依附民（原载《神韵与辉煌——陕西历史博物馆国宝鉴赏：陶俑卷》P64）

的几位同列一卷，总体褒扬（尽管从当时风气看，对士族出身的他来说，"少闲刀笔"的记载是种委婉的批评），这也算善终了。

与之相对的是，比虞玩之更老的，永明八年时已经72岁的刘系宗仍然仕途通畅。在平定唐寓之之乱后，他担任少府，后来又做到禁卫六军将之一的游击将军。在"检籍"中起到重要负面作用的吕文显、吕文度也继续以天子宠臣的面貌活跃在政坛。那吕文度还获得齐武帝的称赞，"公卿中有忧国如文度者，复何忧天下不宁！"几家欢喜几家忧，皇帝怎么可能把自己的爪牙全拔掉让臣下过得舒坦呢？

"检籍"与唐寓之起义的影响远不止前述这些。比如前文提及的顾宪之曾报告，在起义军兵锋扫过的永兴、诸暨县，"公私残烬"。到永明六年因为水旱灾害，恢复很慢。甚至感叹"会稽旧称沃壤，今犹若此"，可见兵燹破坏之巨。

还有，建元二年、建元三年、建元四年秋天，齐朝境内遭遇风灾，特别是三吴地区风灾比较厉害。后来，掌握文化和社会舆论的世家人士便利用京房对易经的阐释，称之为"狱吏暴，风害人"，以此批评齐高帝、齐武帝"严刻"。而永明初年某民歌唱的"白马向城啼，欲得城边草"，被拿来和"陶郎来"攀比附会，说白是金色，马是战争，"陶郎来"即是"唐来劳"的谐音。以此证明唐寓之之祸早有预言。虽然这些是荒诞之语，但同样反映出世家人士对"检籍"的怨愤情绪。笔者大胆揣测一句，齐武帝驾崩之后，齐明帝以旁支两度发动政变，却得到诸多朝臣的支持，与齐高帝、齐武帝采取包括"检籍"在内的一系列政策，加强中央集权和国家实力，打击了世族高门和军功贵族势力，有着千丝万缕的关系。历史就是这么现实！

对本次"检籍"的怨愤情绪甚至一直延续到梁朝。天监年间，出任尚书令的沈约在《上言宜校勘谱籍》中大肆批判齐朝"检籍"中的权钱交易，愤言"籍簿如此大坏矣"，称"检籍"是"交兴人怨"。他甚至提出元嘉二十七年户籍就"人奸互起，伪状巧籍"，认为要以东晋的户籍底本和刘宋永初景平年间的户籍底本为据。沈约是亲历"检籍"的人，当时正在文惠太子萧长懋的幕府中，所见应属实，但因为每个人的立场、动机不同，叙述同一事件时会出现不同的版本，不能尽信一人一派之言。出身吴兴沈氏的他属于士族，出于士庶之别的观念，自然渲染强调庶族办事人员的错误，也因为家族利益的影响，要彻底从各个方面否定这次"检籍"。不过，在"翻旧账"翻得更远方面，除了彻底否定的目的之外，还有理想主义的书生意气——在他所认为的"大是大非"方面，个性表现更为偏直，比刀笔文吏出身的虞玩之要更趋激进。

"检籍"简评

纵观"检籍"的经过，我们发现，"检籍"与东汉"度田"、东晋南朝"土断"、隋朝"大索貌阅"、唐朝"括户"等一样，都是中央政府通过强力行政手段，对户籍档案进行清查整顿，借此增强国家经济实力的措施，是与国有益、整治非法的良政。其中"度田"的重点是清查田产，"土断"的重点是把"白籍"转换成"黄籍"，而"检籍"与"大索貌阅""括户"的重点是清除户籍登记中的欺瞒、造假、隐漏行为，获得更多缴纳赋税、提供徭役的编户齐民。但是，我们看到其他朝代的措施基本成功，何以南齐朝的"检籍"偏偏失败了呢？笔者认为，主要有两方面原因：第一是"检籍"实施的条件并不成熟，遭遇到强大的阻力；第二是"检籍"政策在策划和实行细节上漏洞百出，存在严重失误，导致良政变恶政，纠偏成扰动。

先来看第一点。建立在庄园经济之上的占田制与九品中正制是门阀士族政治、经济权利的保障。由于南朝社会生产没有根本改变，政治制度没有根本改革，社会的政治生态仍然大体维系旧模式。在这种情况下，虽然皇权政治开始回归，皇帝利用庶族出身的人士掌管机要形成制衡，但一时之间难以彻底压倒门阀士族，中央集权受到制限，力量尚显薄弱。而门阀士族却凭着九品中正制"平流进取，坐至公卿"，"世为二千石"，一面高居庙堂，坐拥大批隐匿户口，对政治、经济施以莫大的影响；一面不务实事，崇尚清谈。尽管他们强调士庶之别，维护自己的正统特权，但无力承担也毫不关心"检

▶ 唐阎立本《历代帝王图卷》中的隋文帝，来自中国历代人物图像数据库。隋文帝顺历史之势，在士族庄园经济趋弱和废除九品中正制的基础上，以中央集权强势推行"大索貌阅"，取得成功，奠定隋初之富强。此一时，彼一时，令人抚卷叹息

▲ 唐孙位《高逸图》局部，表现了魏晋南朝士族的风范。然而对大多数士族而言，所谓的气质风范不过是不务实务，空口清谈

籍"的工作。更为严重的是，办理"检籍"实务的主力是庶族官吏，而庶族又是"检籍"的重要对象。因为士族本来就免税免役，户籍造假以求分享特权的正是庶族。在这之中，最有意思的就是军功泛滥的问题，其源头主要来自军功贵族——他们多半是庶族，因为士族垄断了仕途的上升通道，于是他们选择从军立功跻身高位。一旦成功，则"一人得道，鸡犬升天"。由他们来自己审查自己，结果可想而知。出现个别如二吕一刘者，其动机更多的也是委身皇权，投机政治，捞取个人资本，实心为国者凤毛麟角罢了。纵然这种投机行为可以被为君者善加利用，但没有相对公平合理的上升通道，就无法消除整个阶层用尽一切手段，甚至不惜违法以求跻身特权集团的强烈意愿。士族人士与庶族官吏都对"检籍"三心二意，政策就得不到良好的贯彻执行，危机自然就变相转嫁到庶族普通百姓身上。由此，变成中央政府与士庶全体，即与整个天下的对抗，皇权成了真正的"孤家寡人"。这样的政策又怎能在短期内推行成功呢？我们看到，当到了隋朝初年，庶族的经济力量超越了士族，占田制与九品中正制被废除，士族特权阶层趋于弱化，中央集权力量增强，有执行政策能力与意愿的组织体系和官吏出现，"大索貌阅"才取得空前成功。

第二点，我们再来看"检籍"政策本身。对此，《南齐书》作者萧子显在虞玩之传所在卷有一段精彩评论，全文如下：

"鹑居鷇饮，栽树司牧，板籍之起，尚未分民，所以爱字之义深，纳隍之意重也。季世以后，务尽民力，量财品赋，以自奉养。下穷而上不恤，世浇而事愈变。故有窃名簿阅，忍贼肌肤，生滥死乖，趋避绳网。积虚累谬，已数十年，欺蔽相容，官民共有，为国之道，良宜矫革。若令优役轻徭，则斯诈自弭；明纠群吏，则兹伪不行。空阅旧文，徒成民幸。是以崔琰之讥魏武，谢安之论京师。断民之难，岂直远在周世哉？"

他一针见血地指出户籍造假的根本原因是征发赋役中的"务尽民力"，"下穷而上不恤"，只要解决了这个问题，户籍造假自然迎刃而解。然而，我们看到，"检籍"本身针对的只是户籍的造假，没有其他相应经济政策的充分配合，是单一的治标不治本的措施，根本无法解决百姓畏避赋役的问题。从已知的研究看，齐朝的赋税徭役相当沉重，基层官吏又横征暴敛、巧取豪夺，任意延长服役时间。尽管齐高帝、齐武帝也有多次蠲免赋税之举，但多数针对已有的灾害和老弱，对户籍造假而逃税者吸引力不大。更有甚者，齐朝统治者竟然一边"检籍"一边加征各种杂税，这等于是逼良为娼，就算被查出来，又有谁情愿去做顺民呢？对比隋朝的"大索貌阅"有"输籍法"相配，规定了朝廷赋税徭役的明确定数，并公布天下；唐朝开元年间的"括户"，免除新客

依据郑欣先生的整理，齐朝赋税徭役情况大致如下：正税包括丁租和户调。前者要求18—60岁之间的男丁每年缴纳5石粮食，16—17岁、61—66岁的男丁和16—60岁已嫁的女子、20—60岁未嫁的女子每年缴纳2石半粮食。后者要求每年测评户等之后，按户等高低缴纳布或绢，富户多缴贫户少缴，但总缴纳数除以总户数的结果为4匹布（麻户缴布，桑户缴绢，绢折算成布）。正税之外还有诸多杂税。比如在丁租以外缴纳一部分粮食作为州郡官员的俸禄以及地方财政开支；根据地区不同，需缴纳一定的土特产；还有丁口钱、塘丁钱、迎送钱等。劳役方面则包括18—60岁的丁男每年服力役20日，另外还需要18人一组轮流承担20日运输任务。16—17岁和61—66岁的次丁男服役减半。当然这些只是法定数额，实际上还存在官吏在评定户等中徇私舞弊，使无权无势的贫户承担更多赋税；按照自己的需要将租调折物折钱缴纳，从中巧取豪夺；任意增加杂税杂役项目，提高征收额度，延长服劳役时间，横征暴敛；让民户为自己干私活等，使本就沉重的赋税徭役更加难以负荷。

户的六年赋调，并减征杂傜钱——高下立判。

此外，萧子显还批评了"空阅旧文"的翻老账问题。在具体实施上，"检籍"的问题是很多的。比如强行用行政命令设置工作指标、对旧账追索过度（建元元年的倒查，从孝建元年查起，整整二十五年，八本"黄籍"）、打击面过广惩罚过严等。这些错误过火的做法招致普遍不满和抵制，给"检籍"工作带来了极大的负面影响，效果离初衷也越来越远。

当然我们也要看到，萧子显因对优役轻傜、明纠群吏寄托了过高的期望，而没有看到建立在社会生产之上的体制问题，这是自身历史局限决定的，不可苛求。

至于唐寓之起义，从已知的情况看，他遇上了在政坛和沙场久经风雨的齐武帝，反应迅捷、处置果断，而齐朝中央禁军的战斗力和将领指挥能力又非常出色，失败也就是必然的了。

最后，笔者想说，立志"使我治天下十年，当使黄金与土同价"的齐高帝是有心创造"治世"的。齐武帝也继承了父亲的志愿，"以富国为先"。他们都珍惜得来不易的江山，凭借一己之权威，以苛猛之风格对抗朝野之颓靡，以求振民瘼导民躬。然而治理国家并非光有宏愿就够了，在特定历史条件下，一项动机正确的政策也未必符合大部分人的利益所期，如何谋划实施、在何时何种条件下实施都成为决定成败的因素。我们今日评价历史，不能简单以成败论英雄，而是要学会客观对待古人与时事，把因果、对错剖析明白。在此基础之上，我们还要细心总结这些宝贵的历史经验教训，引以为鉴，才能砥砺前行，继往开来。

鸣谢

本文在写作期间，得到上海师范大学教授张剑光先生、洛阳师范学院副教授王国强先生、浙江省社科院历史研究所原所长林华东先生、广西交通职业技术学院讲师薛辉先生、凯里学院余锴先生、上海图书馆张轶先生、上海唐思雯女士、网友王永晴先生、张述先生、萧牧之、殆知阁、宅在电脑前的白衣客、汉服骑射、重读南京寻访团、雪晴草堂等，以及淮北师范大学安徽文献整理与研究中心、杭州图书馆专题文献中心与浣纱分馆等机构的大力帮助。没有大家的无私帮助，此文的完成是无法想象的，在此表示最诚挚的谢意。

主要参考资料

史籍类

《南齐书》（汲古阁毛氏本，1974 年、1999 年中华书局本，1986 年上海古籍本，国学电子版）、《晋书》《宋书》《南史》《魏书》（中华书局本、国学电子版）、《建康实录》《元和郡县图志》《太平寰宇记》（中华书局本）、《史记》《通典》《资治通鉴》（国学电子版）、《全齐文》（殆知阁电子版）、《咸淳临安志》（电子版）、顾恒一等《舆地志辑注》（上海古籍本）、陈桥驿《水经注校正》（中华书局本）

著作类

杨忠《二十四史全译·南齐书》、丁福林《南齐书校议》、牛继清等《十七史疑年录》、谭其骧《中国历史地图集》、陈垣《二十史朔闰表》、王仲荦《魏晋南北朝史》、杨子慧等《中国历代的人口与户籍》、白寿彝《中国通史》、张荣强《汉唐籍帐制度研究》、高敏《中国经济通史·魏晋南北朝卷》、周峰《南北朝前古杭州》、林华东等《秦汉以前古杭州》、阙维民《杭州城池暨西湖历史图说》、唐长孺《魏晋南北朝史论丛》、郑欣《魏晋南北朝史探索》、马海涛《公共政策学》

论文、新闻类

施光明《唐寓之起兵性质商榷》、舒朋《略论"土断"与"却籍"的成败及其原因》、黎明钊《里耶秦简：户籍档案的探讨》、曹旅宁《南北朝隋唐五代僧籍制度探究》、黎虎《魏晋南北朝"吏户"问题再献疑"吏"与"军吏"辨析》、任筚时《南宋以前杭州城郭考》、朱海滨《浦阳江下游河道改道新考》、王志邦《六朝渔浦新考》、吴功正《六朝园林文化研究》、赵云旗《隋代括户成功的原因》、张泽咸《关于唐代徭役的几个问题》、杨际平《唐前期的杂徭与色役》、俞丽虹《狮子山发现 1500 年前"白下城"遗址》（《现代快报》）